建築・インテリア・景観

緑のプレゼンテーション
GREEN PRESENTATION

Hiroshi Miyago 宮後 浩

学芸出版社

はじめに

有史以来，ひと，たてもの，そして緑（グリーン），この3者の関係はとてもつながりが深く，切っても切れない関係にあります．街並みに並木，住宅に庭や外構の樹．インテリアには観葉植物．あって当たり前の世界に住んでいるからこそ，その必要性をさほど感じないのかもしれません．

近年，グリーンに関してのプレゼンテーションが，急激に多くなってきました．従来のように，その道の専門家である造園屋さんに任せきりではなく，素人である施主の関心が高まってきているのです．『実際にその空間で生活する立場で意見を述べたい』といったところから，そのような傾向が出てきているのでしょう．

建築のデザインに関しては，色々な角度から検討され，その時代に適合した形なり，機能が追求され，その類の参考書籍，資料はそこここに見られます．しかし，グリーンのスケッチに関する書籍を探してみたところ，なかなか適切な文献が見あたりません．専門的な学術書か，または単なる趣味のお花の書籍が多いように思います．

実際，建築・インテリアのように人工的なものは，図法によって形をとらえることができますが，グリーンのようにとらえどころのないものは，一定の図法では描くことができません．だからといって，今から公園に出かけて樹木のデッサンの練習を積み重ねる時間がどれほど取れるでしょう．そこで，筆者が欲しかったグリーンスケッチに関する初心者向けの書籍の作成に，『緑のプレゼンテーション』のタイトルで挑戦してみました．今回は，あくまでもプレゼンテーションのためのスケッチに絞り込み，描き方とその見本を描くことにとどめました．まずは描くことに慣れていただければ，目的の一歩は達成したものと思います．

2000年7月

宮後　浩

＊＊ CONTENTS ＊＊

第1章　なぜグリーンスケッチが必要か？　3
- グリーンの知識は必要か？　3
- グリーンの役割　3
- グリーンを勉強する上で覚えておきたい用語　4
- グリーンのプレゼンテーション
  ＝目で見てわかるデザイン力　5
  - 図法分類　5
  - テクニック別分類　5

第2章　グリーンの描き方　6
- 描く前に覚えておきたい言葉　6
- 描き方　6
- 下描きの手順　7
- 着彩を始める前に　9
  - グリーンの着彩（景観）〈水彩〉　10
  - グリーンの着彩（玄関）〈マーカー〉　12
  - グリーンの着彩（庭）〈水彩〉　14
  - グリーンの着彩（インテリア）〈色鉛筆〉　16
  - グリーンの着彩（ベランダ）〈色鉛筆〉　18
- グリーンスケッチに欠かせないアクセサリー　20

第3章　グリーンの種類　33
- プレゼンテーションの実例　33
- 樹木を描くには　37
- 樹木の形状の取り方〈低木〉　37
- 樹木の形状の取り方〈高木〉　38
  - 落葉広葉樹〈高木〉　39
  - 落葉広葉樹〈中木〉　49
  - 落葉広葉樹〈低木〉　59
  - 常緑広葉樹〈高木〉　62
  - 常緑広葉樹〈中木〉　67
  - 常緑広葉樹〈低木〉　72
  - 特に高い木　75
  - 針葉樹〈高木〉　76
  - 針葉樹〈中木〉　81
  - 針葉樹〈低木〉　84
  - 特殊　84
- 陰と影　91
- 観葉植物の描き方　92
  - 観葉植物〈大〉　93
  - 観葉植物〈中〉　100
  - 観葉植物〈小〉　105
- パース作品例　107
- 下描きシート／観葉植物白図　109
- 索引　110

第1章
なぜグリーンスケッチが必要か？

❖ グリーンの知識は必要か？

　建築・インテリア業界の仕事において，グリーンの知識を求められる場面が非常に増えています．景観についても，どれだけ緑を取リ入れられるかが問われたリ，戸建住宅における玄関，庭などの外構デザイン，マンションの一室でもインテリアとしての観葉植物，ベランダのコンテナガーデンの提案など，われわれ建築デザインの守備範囲ではないと言ってはいられない状況になっています．最近の施主の皆さんは，非常に勉強熱心で，簡単な図面くらいは，読みこなせるのが通常ですし，情報量としてもプロ顔負けの方もおられます．

　では，プロが施主に対して決定的信頼感を得る方法として何が必要となるか？　やはリデザインを提案するにあたって「目で見てわかるデザインカ」ではないでしょうか．「目で見てわかるデザインカ」つまり，デザインを絵にすることが必要不可欠になってくると思われます．そして，最低限の基礎知識が求められることになるでしょう．

❖ グリーンの役割

　日本におけるグリーンの歴史は，長らく「園芸」として趣味の空間でした．しかしながら，ここ最近の海外から入ってきたガーデニングの影響もあり，より生活に密着度の高い，機能的なものが求められるようになってきました．景観デザインにおいても，その公共性に基づき，町を構成する要素として，また憩いの空間づくリの必需品として，グリーンは位置づけられ，どんな場所にも必ず配置されていますし，住宅における庭でも，「植木」としてではなく，生活機能を妨げない心休まる場所としての役割を求められています．さらに，土地のないマンションの生活でも，インテリアとしての観葉植物の取リ入れ方，ベランダのコンテナガーデン志向など，多くの場面でグリーンが配置されています．

　これらの始まリの多くは，海外のガーデニングの影響ではありましたが，実際には，自然を取リ入れるというグリーンの性質上，日本の気候や風土を無視して，海外の真似だけでは通用しません．実際に，生活している環境によって育つ樹木は違いますし，その手入れの方法も変わってきます．それらを踏まえた上で，メンテナンスはどのようにすればいいのか，そこまで情報を提供することが無理でも，どこにどのようなグリーンを配置することが適しているのかくらいは，頭に置いてデザインをすることが大切です．

❖ グリーンを勉強する上で覚えておきたい用語

グリーンを扱う上で，おさえておきたい基本的な用語をまとめてみました．
図面上のガーデンを歩いていくつもりで，位置を確認しながら覚えていきましょう．

① フロントヤード
　街路に面した前庭．公共空間との調和が重視される．

② バックヤード
　建物をはさんで，フロントヤードと反対側にあたる部分．
　室内をいかに屋外に延長させ，開放感をもたせるかが重視される．

③ パーゴラ（藤棚）
　デッキ部分に日影の快適な空間を生み出す機能を持った簡易な屋根つきアクセサリー．
　圧迫感を感じさせないために，つる性の植物をからませることでグリーンや花を鑑賞することもできる．

④ デッキ
　室内の延長としての，もうひとつの開放的な部屋という機能と，地表面をおおう機能を持つ．いわゆるアウトドアリビングの実現空間．段差を設けて，ベンチとしての使用も可能である．

⑤ 芝生
　地表を守るカバーとして有効に利用されている．
　グリーンの面積を広げるためにも，よく使われる方法である．熱を吸収する効果もあるが，生活環境にあった品種を選ぶことが肝要．

⑥ サイドヤード
　フロントヤードとバックヤードを結ぶ空間．
　機能性が重視される．

⑦ 生け垣
　隣家や道路との境界線としての意識で使用されることが多い．ブロック塀などと違い，通気性があり，圧迫感が少ない．

⑧ カーポート
　車が出入りするため，その床面の強度が非常に重要視される部分．
　それだけではなく，雨水の浸透性，排水，土壌の通気性を確保する必要がある．

⑨ ラチスフェンス
　通路としての機能しかもたないサイドヤードなどで，特に東向きの面など，採光を考慮した部分で使用されることが多い．

⑩ シンボルツリー
　開放感を残したままで，他のエリアとの境界を意識させる役割を果たす．周囲の景観と調和したものを選ぶことも大切である．

❖ グリーンのプレゼンテーション＝目で見てわかるデザイン力

　グリーンの役割や用語を頭に入れたところで，それを相手（施主）にうまく説明することができなければ，せっかくの知識も役に立ちません．そこで，前述した「目で見てわかるデザイン力」（＝プレゼンテーション），つまり，頭の中に描かれたデザインを具体的な形にして伝える力が必要となってきます．

　プレゼンテーションには，ＣＧ，アニメーション，模型，図面，パース，スケッチなどなど，いろいろな手法がありますが，修得および，実際にツールを作成する費用，時間を考えてみても，パースあるいはスケッチが適当だと言えるでしょう．そこで，本書では，パース，スケッチのテクニックを修得しながら，グリーンを具体的に表現する勉強をしていくことにします．

　パースにはさまざまな種類がありますし，それを描く段階で，使用するそれぞれの持ち味を十分理解した上で，どの場面に使用するかを決定することが大切です．パースの種類を，図法別，テクニック別に分類してみました．

図法分類

　建築・インテリアが実在する立体的な空間は，3次元の世界です．水平方向，奥行き方向，垂直方向の三方向が存在しますが，いずれの平行線も，3次元の世界では交わることはありません．しかし，平面上（2次元）に表現する場合は，そのいずれかの方向の平行線が交わるように描くことにより，立体的に表現することができます．これがパースの原理ですが，その平行線の交わる点（消点）の数によって分類をすると理解しやすいでしょう．

消点の数	特　　長	使用に適したケース
0消点	平面的に大小のひずみのない立体的な表現ができるが，視覚的には奥が広がって見える．	アイソメ・アクソメ
1消点	比較的ひずみが少なく，正面から臨むパースに適している．	インテリアパース
2消点	外観の正面および側面を見せたい時に適している．	外観パース
3消点	上部から見おろすので，平面的な配置を説明しやすい．	鳥瞰図・俯瞰図

テクニック別分類

使用画材	使用用具	適した紙質	特　　長
鉛筆	鉛筆（HB/B）	ケント紙，トレペ	白黒なのでかんたんに描けるが，案外高度な技術が必要とされる．
色鉛筆	水性ボールペン 色鉛筆	ケント紙，画用紙	やわらかな雰囲気が表現できるが，ある程度の仕上がりのためには時間を要する．
透明水彩	耐水性ボールペン 透明水彩絵の具	キャンソン紙（白）	軽快な雰囲気と現実に即した材質表現ができる．
ポスターカラー	ポスターカラー白 透明水彩絵の具	キャンソン紙（グレー）	淡彩では表現しきれない重厚感を表現することができる．
エアブラシ	透明水彩絵の具 エアノズル マスキングフィルム	クレセント紙	現実に近い光の変化を壁面などに表現することができる．
CG	コンピュータ ハード・ソフト	カラーコピー紙	見る方向（視点の位置），色彩などが容易に変更できる．
マーカー	耐水性ボールペン マーカー	マーカー専用紙	スピーディーに描ける反面，色数が限定される．

第2章
グリーンの描き方

　グリーンの表現方法としてのパースの重要性については，わかっていただけたと思います．そこで，実際の描き方について，勉強していきたいと思います

　ここで，まず注意していただきたいのは，全体のデザインの中で，どこが見せたい部分であるかということです．ご自分の計画したものの中で，ここが一番の見せ場，ポイントであるという部分があると思います．どの角度からどの範囲を見せれば，ポイントとなる部分をいかに美しく，わかりやすく見せることができるか……，これを正しく判断することがパースの善し悪しを決定づけることになります．

■ 描く前に覚えておきたい言葉 ■

　下描きを勉強するにあたって，いくつかの専門用語が登場します．これは，下描きをマスターする上で非常に重要になってきますので，覚えておいてください．

VP（消　点）　　＝平行線が交わる点．パース上では見ている位置のことだと考えてください．
HL（水平線）　　＝目の高さの水平の線．VPは，必ずこの線上にあります．
GL（地面の線）　＝地面の位置．パース上では，この線を基準に高さを求めます．

■ 描き方 ■

　まず最初にしなければならないのは，スケッチパースを描く対象となる図面を一定の割合で区分けする作業から始めて下さい．下描きの手順は次頁から述べていますが，下描きシートを作っておくと便利です．（p.109 参照）

　下描きシートは，一度作成してしまえば後は何度でも繰り返し使用できますので，挑戦してみてください．

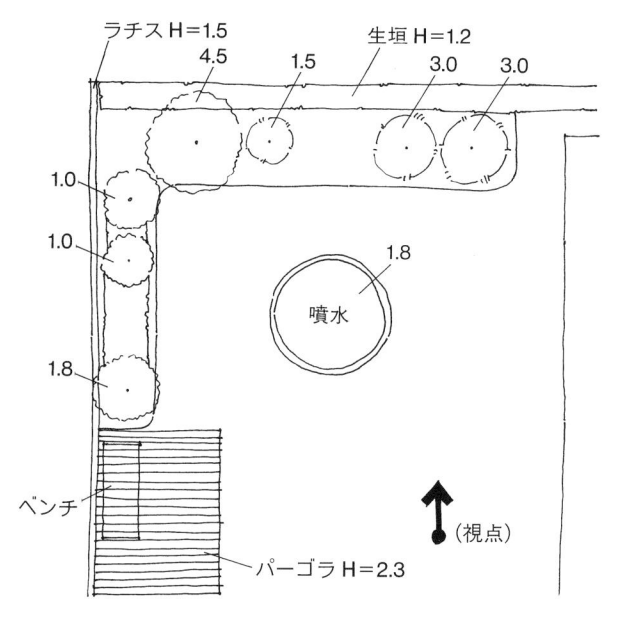

図面を1/100に調整（コピー機で縮小，拡大の処理をする）し，見せたい部分を考慮して見る方向（視点）を決定します．平面図を1.5mピッチに区分けし，グリッドを入れます．さらに，下図のように，それぞれのラインに記号をつけます．
（縦軸を1，2，3，4…，横軸をA，B，C，D…とします）

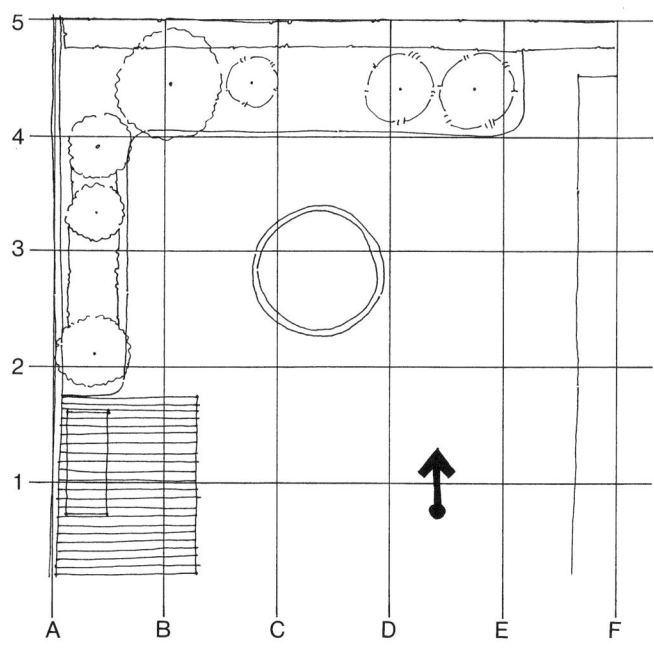

下描き

下描きの手順

HL を決定します．
縮尺は描きたい大きさに応じて考えてください．
今回は HL を 1.5 m で描きます．

目線（HL の高さ）の決定の目安
- 1.5 m……人間の立った目線
- 3.0 m……少し上から見おろして
- 6.0 m……全体を見通して

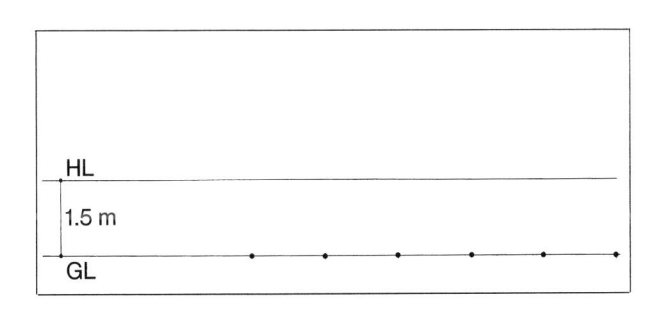

HL から目線の高さ（地面までの寸法）を下に下ろして GL を引きます．その線上に，1.5 m ピッチの区切りを入れていきます．

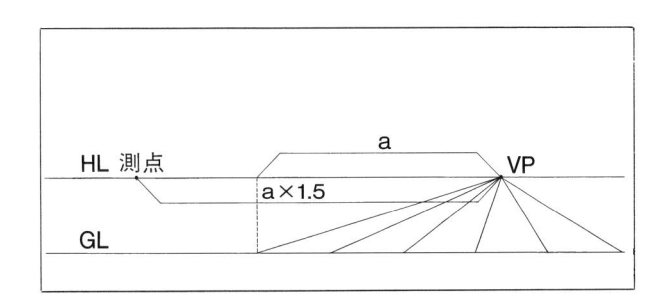

さらに，構図を考慮して VP を決定したら，GL 上に 1.5 m ピッチに区切った点と結びます．
1.5 m ピッチで区切った点の中で VP から遠い方の点までの距離（a）の 1.5 倍のところに測点（奥行き寸法を求める作業の便宜上の点）を定めます．

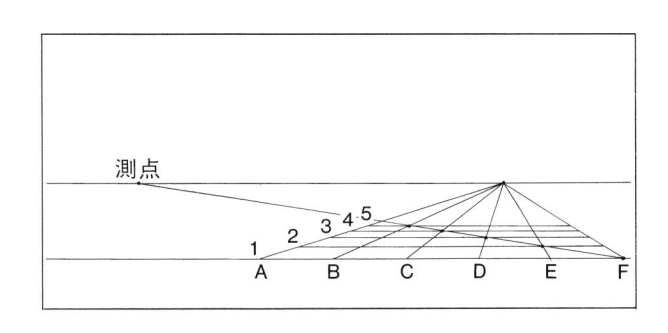

測点から最も離れている F 点と測点とを結び，A，B，C，D，E，F 点から VP へ結んだ線との交点を通る水平線を引きます．
平面図に表示した正方形に GL と奥行き方向とに分けて，図面上と合致する記号（1, 2, 3, 4, 5）をつけていきます．

下描き

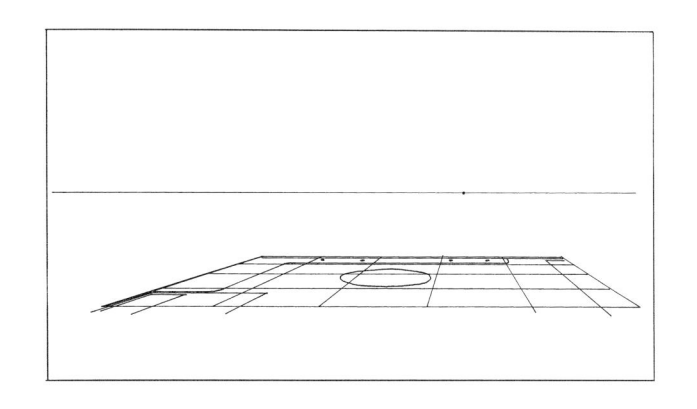

最初に平面上に示したグリッドと合致する部分にあるものを配置していきます．この時点で，建物の位置，グリーンの位置など，すべてパース平面上に落し込みます．

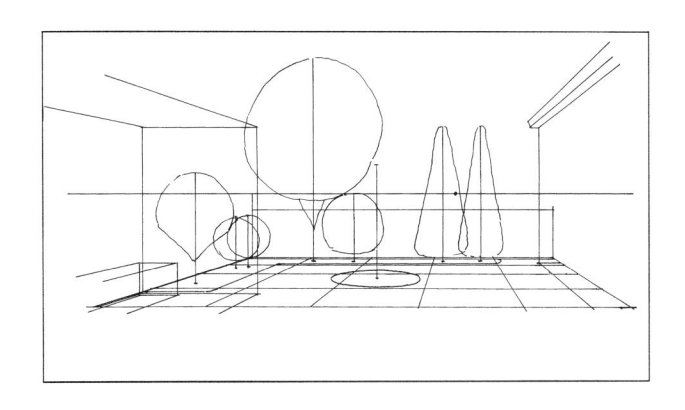

樹木および建物などの高さは，GL から HL までの寸法を基準に描き起こします．奥行き方向の位置によって，GL から HL までの寸法が変化します．GL から HL までの高さ（目線）をいくらで設定したかによってでき上がりの寸法（樹木の高さや建物の大きさ）がかわってきますので，高さの数値設定には十分注意してください．
たとえば，HL が 1.5 m の場合，木の高さが 4.5 m とすると木の位置（GL）から HL の高さの 3 倍が木の高さとなります．

　下描きができたら，トレーシングペーパーを重ねて，樹木の形状を整えながら，手前にあるものから順に清書していきます．清書が終わったら，どこか一方向からの光源を設定し，光があたっているように影をつけて立体感を表現するのが望ましいと言えます．（東西南北を意識した影を落とすと自然な光を感じさせることができます）
　樹木自体に光があたってできる明るい部分と陰の部分の表現と，地面やまわりの建物におちる影との違いも，十分に注意して描くことを忘れないでください．(p.91 参照)

着彩の準備

着彩を始める前に

清書ができたら，よりイメージを具体的にするために，着彩をしてみましょう．

着彩の方法には，いろいろありますが，対象物件，納品までの作業時間などを総合的に考慮し，決定します．今回は，代表的な3種類をあげておきます．自分の得意なものから挑戦してみましょう．

水彩用具

短時間で優しいイメージの仕上がりが期待できるのが，水彩絵の具です．準備する用具が多いので，とっつきにくい感じを持たれがちですが，慣れれば重宝な用具です．ぜひ挑戦してみてください．

※まっすぐな線状に着彩するときには，溝引き定規を使用するときれいに塗れます．おはしを持つ要領で筆とガラス棒を持って，左右に移動させます．

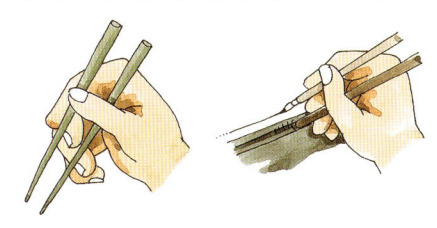

絵の具の種類は…
- ポスターカラー白（ホルベイン）
- 透明水彩絵の具（ホルベイン）12色＋ライトレッド，サップグリーン，コンポーズブルー，インディゴ，セピア

この本の中で使用する基本の色は14色です．頻繁に色の名前が記号でも登場してきますので，しっかり覚えておきましょう．

パーマネントイエロー（PY）	バーミリオン（VE）	クリムソンレーキ（CL）	ライトレッド（LR）	バーントアンバー（BU）
イエローオーカー（YO）	パーマネントグリーン（PG）	サップグリーン（SG）	ビリジアン（VI）	コンポーズブルー（COB）
コバルトブルー（CB）	インディゴ（IN）	セピア（SP）	アイボリーブラック（IB）	

※水彩の場合は塗り始めると紙が水分を含んで隆起してくるので，のり付きのパネルに張り付け，ボード状にしてから塗るのがよいでしょう．

色鉛筆

簡単そうに見えて，使ってみるとやっかいなのが色鉛筆．根気よく，じっくり塗り重ねていき，紙上で色を混ぜていく用具です．最低24色くらいは最初に準備した方がよいでしょう．

マーカー

発色がよく，スピーディーな仕上がりが期待できる用具です．しかしながら，揮発性のため，長く使用せずにいると，いざ必要な場面が訪れた時，使えなくなっていたということのないように注意したいものです．

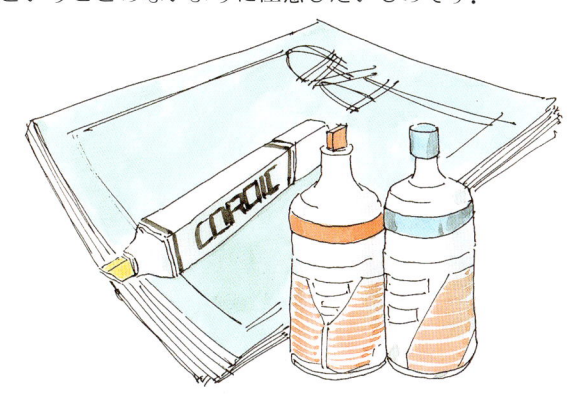

グリーンの着彩(景観)

◆ グリーンの着彩(景観)

清書ができたら,イメージにかなり現実的な仕上がりをもたせるために,透明水彩絵の具を使って着彩してみます.

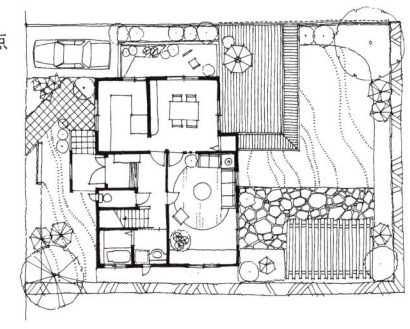

まず,空から着彩していきます.
空は主役ではないので,あまり強調されすぎないよう注意しましょう.
ベースに水を引き,濡れている間に,コンポーズブルー(COB)を建物に入らないように塗っていきます.
全部塗りつぶさないよう,バランスを考えて,筆をおいていきましょう.

空が乾いたら,地面を仕上げます.
まず芝生と舗石,アスファルトのベースを塗って,乾いてから距離感を表現するためにグラデーションを入れていきます.(グラデーションはp.17を参照)

〈水　彩〉

建物を塗っていきます．
正面，側面にグラデーションをつけて立体感を表現します．

樹木，点景を着彩していきます．
樹木によっては，色相を変えて塗る方がよい場合があります．（詳しくは p.15 参照）
車・人間は樹木を塗り終えてから，全体のバランスを考えて色調を決めましょう．
建物や地面にうつる影は，最後に入れると良いでしょう．

〈遠近感の表現〉

遠近感は，物体の形状の大小の違い，タッチの単純化で表現することもできますが，着彩による表現方法もあります．遠くに行くほど，色は鮮やかさがなくなり，明暗のコントラストが弱くなります．

グリーンの着彩（玄関）

◆ グリーンの着彩（玄関）
見せたい部分を短時間で表現したいために，マーカーを使って着彩してみます．

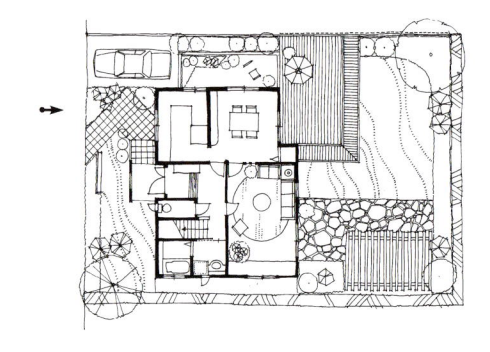

建物以外の空，地面を着色していきます．空の部分や地面の広い部分は，パステルを粉状にして使うときれいに塗ることができます．グラデーションはマーカーで入れていきます．

建物や背景の樹木のベース部分をパステルで着彩し，マーカーでトーンをつけていきます．濃すぎる色をつけないよう，注意をしてください．

〈マーカー〉

主となる樹木のベースカラー，建物の窓の内部，車などを着彩します．

最後に，マーカー，色鉛筆を使って全体の調子を見ながら仕上げていきます．場合によっては，ポスターカラーのホワイトで引き締めると完成です．

〈樹木の着彩順序〉

①ベースになる色をパステルで全体に塗りつける．

②マーカーで幹の部分と葉の部分のトーンをつける．

③色鉛筆を使って調子をみながら葉のタッチを表現する．

グリーンの着彩(庭)

◆ グリーンの着彩(庭) ─────

開放的でさわやかな庭を、透明水彩絵の具を使用することによって、忠実に表現することができます。

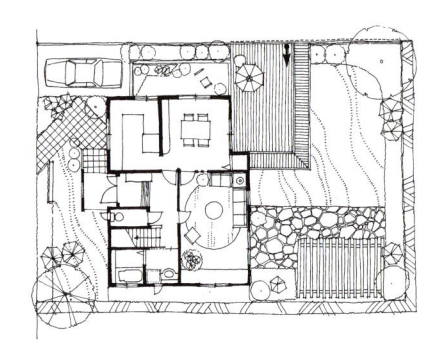

空はあまり強調されすぎないように、淡い感じに仕上げます。
(p.10 参照)
水を紙面に引いてから色をのせると淡い感じに仕上がりますが、水の量に注意してください。

背景、地面などの着彩にはいります。まず、ベースを塗り、乾いたら色を重ねていきます。
半乾きの状態では、絶対に絵の具を重ねないようにしてください。乾いてしまうとムラになって、とりかえしがつかなくなってしまいます。

〈水　彩〉

建物の一部が見える場合は，雰囲気をそこなわない程度に描き込みます．このとき，あまり細かく描き込まないように注意してください．(この部分はあくまでも脇役です)
さらに，テントなどのアクセサリーを着彩し，木部のベースも塗っていきます．
木部のベースが乾いたら上から重ね塗りします．

点景の花を描き込む場合，緑の部分を塗り終えてから，ポスターカラーの白を点状に描き，乾いた上から赤や黄の絵の具をのせていきます．

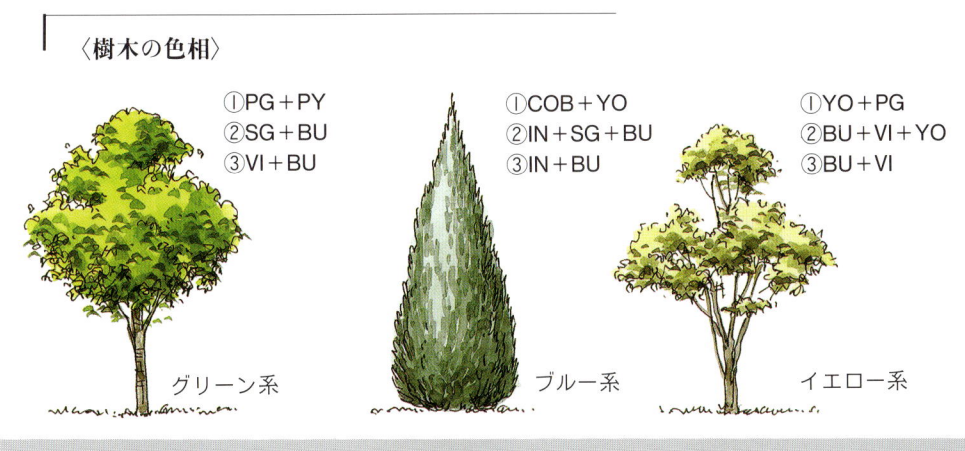

〈樹木の色相〉

①PG＋PY
②SG＋BU
③VI＋BU

グリーン系

①COB＋YO
②IN＋SG＋BU
③IN＋BU

ブルー系

①YO＋PG
②BU＋VI＋YO
③BU＋VI

イエロー系

樹木の色相は，大きく分けて3種類程度に分類して考えると良いでしょう．それぞれのシチュエーションを考え，樹木にあった色相を選んで着彩しましょう．
①が乾いてから②，②が乾いてから③と塗り重ねます．

グリーンの着彩(インテリア)

◆ グリーンの着彩(インテリア) ──
ソフトなインテリアスペースを表現するために,色鉛筆を使ってカラーリングしてみます.塗り重ねに注意してください.

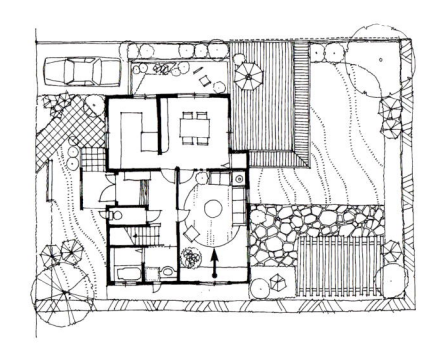

まず,壁面から着彩します.
壁面の色が白の場合,グラデーションで質感や立体感を表現するのですが,このとき,黒一色だけを使用するのはよくありません.
茶系と青系の色鉛筆を使用し,重ね塗りすることで,より深みのある表現になります.

床,天井など木部の着彩をしていきます.木やレンガ,タイルなどの場合は自然の濃淡をつけると,より現実感のある材料表現ができます.

〈色鉛筆〉

家具，アクセサリー，外部，観葉植物を着彩します．
インテリアアクセサリーなど，小物の色は，全体のバランスを見て決定しましょう．

家具の影を落とせば完成です．
影は，黒いからといって，黒一色で表現しないように注意してください．

〈グラデーション（陰）について〉

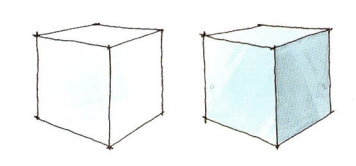

① 立体感を表現する
　グラデーションを入れることにより，より立体的に見えます．

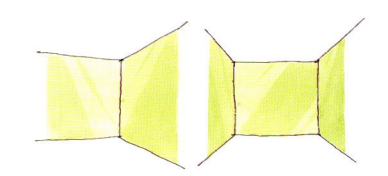

② 遠近感を表現する
　面の明度を変えることによって，遠近感を感じさせます．

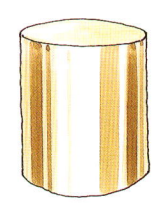

③ 質感を表現する
　明度のコントラストを強くすると，硬質な物体の表現ができます．

グリーンの着彩(ベランダ)

◆ グリーンの着彩(ベランダ) ──
小面積の空間を描く場合は，繊細な表現が容易な色鉛筆を使用すると描きやすいです．

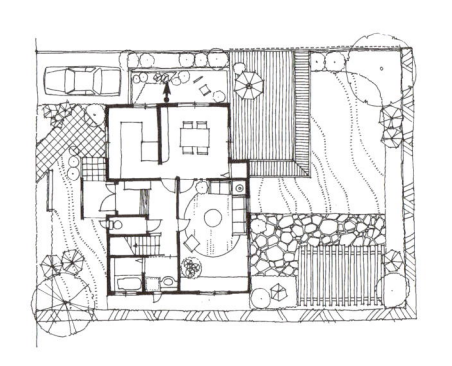

空を淡く入れます．
背景や天井，手すりのベースを塗り，グラデーションを，調子を見ながら徐々に入れます．
これらは，すべて脇役ですので，強調されすぎないよう注意してください．

床，ラチス，鉢を塗ります．材料表現を考えながら，ラチスのグラデーション，鉢の立体感を，床のテラコッタの質感を十分に考慮して，ランダムにタイルの焼きムラを表現します．

〈色鉛筆〉

観葉植物や家具など，残っている部分の色を塗っていきます．陰影に注意して塗り重ねてください．

影を落として完成です．影は黒で塗りつぶすのではなく，ベースの色を重ねることにより，暗くして，その系統の濃い色を加えて塗ると深みのある仕上げになります．

〈タッチをつけて表現力豊かに…〉

色の混ぜ方
青系＋茶系＝深みのあるグレー

タッチの付け方
○　　×

ぼかし方

タッチの方向はそろえる

タッチの数を減らしてうすくしていく

アクセサリー

■ グリーンスケッチに欠かせないアクセサリー

グリーンスケッチを描く基本的な方法は，これまで述べてきたとおりです．しかしながら，樹木や建物がうまく描けても，外構の材料や実際にそこで使用される椅子，テーブル，アーチ，噴水などを描かなければ，リアルなイメージには到達できません．

ここでは，そういったグリーンスケッチにはかかせないアクセサリーの描き方と見本例を紹介します．

石乱貼

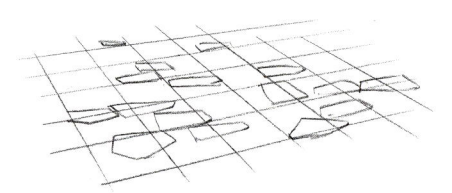

方向性を示すガイドラインを引き，大きいものから，ランダムな形の石を手前から遠い方に向けて，分散して配置します．

さらに，その間を埋めていくように小さい石を入れていきます．

レンガ

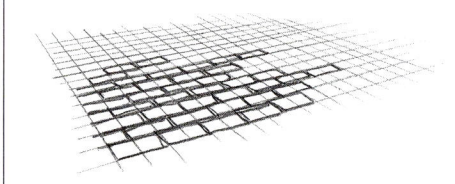

ガイドラインをレンガの半割の正方形ごとに配置します．それができたら，目地を考慮して清書していきます．

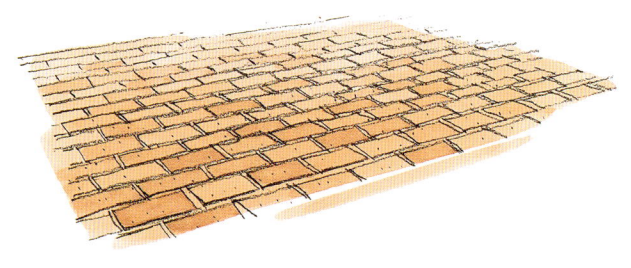

踏み石

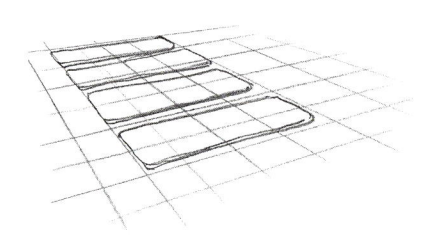

石の上部は実線でよいが，芝生にかかっている石の下部は，埋まり込んでいる様子を表現するために，破線を使用するのが望ましいでしょう．

芝生は同じ大きさのタッチを線上に配置すると，手入れの整った庭に見えます．

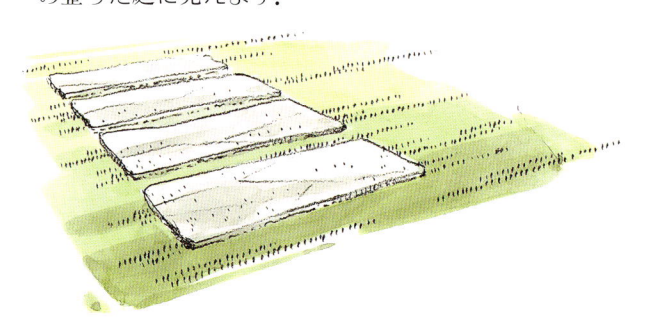

ウッドデッキ

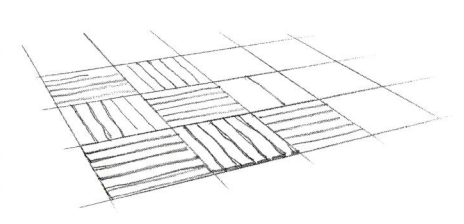

ウッドデッキを描く時は，木の自然な風合いを意識してください．

着彩時には，まずベースを塗って乾かし，同じ色（違う色相が入ってもよい）を上から塗り重ねていきます．

アクセサリー

ラチス

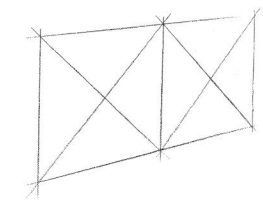

正方形の対角線を引きます．

対角線の角度に沿ったパース上の平行線を引きます．

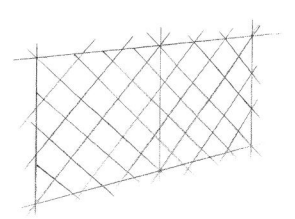

スケールが小さい場合は，線が重複しても構いませんが，そうでない時は，手前の板を描いてから向こう側にある板を描き，重なっている部分を意識して構造を表現しましょう．

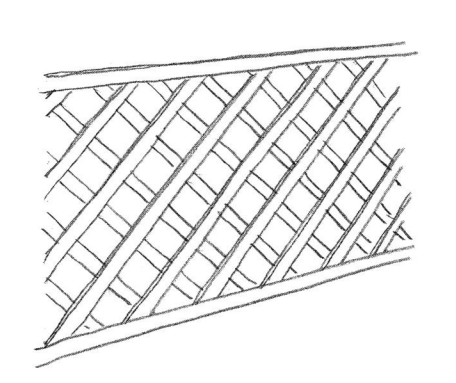

椅子

スケールにあった高さ，幅の直方体を描きます．

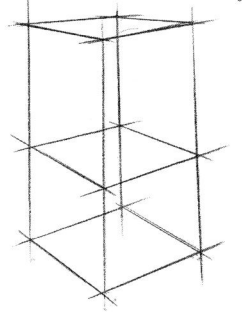

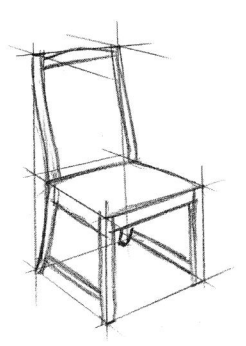

椅子の形状，座面，背もたれ，脚部をそれぞれ描き込んでいきます．このとき，パース上の平行を十分注意しましょう．

パーゴラ

まず，おおまかな大きさの直方体を描きます．

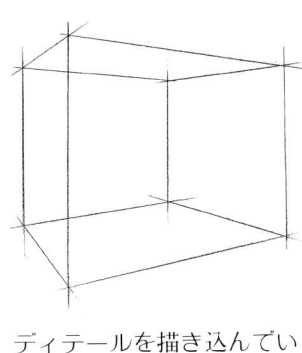

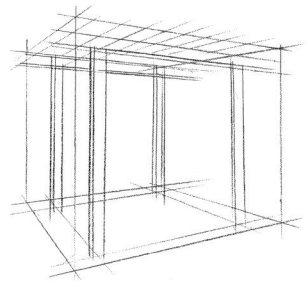

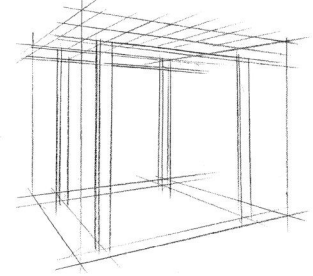

ディテールを描き込んでいきます．

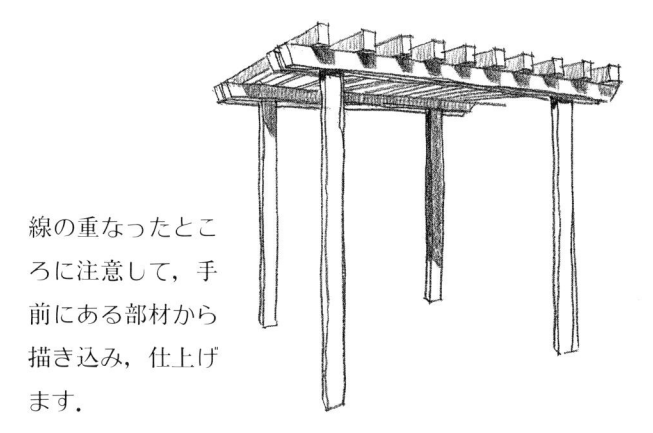

線の重なったところに注意して，手前にある部材から描き込み，仕上げます．

アンブレラ

円柱と軸になる柱を描きます．

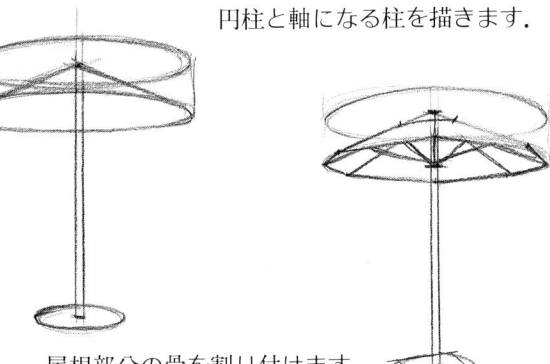

屋根部分の骨を割り付けます．

ディテールに注意して描き込み，清書していきます．

アクセサリー

切石積み

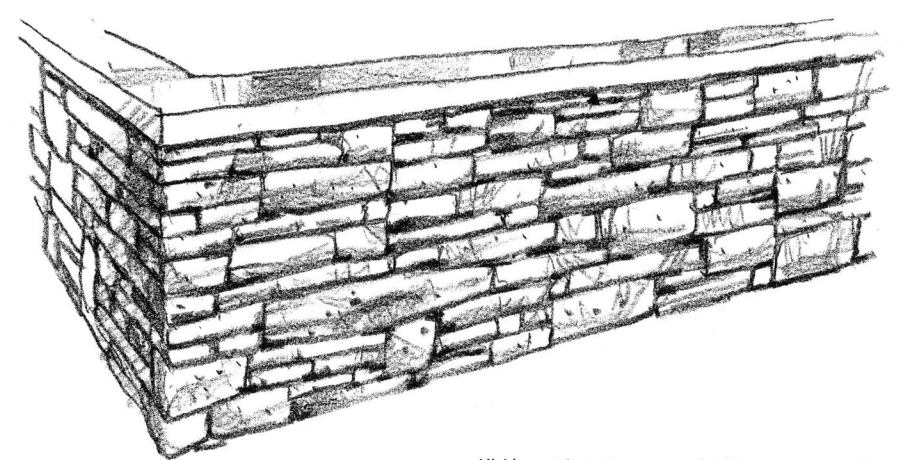

横線のガイドラインを引いておくと描きやすくなります．
部分的に，大きな石を入れて，石のすき間にところどころ影として塗りつぶすと，それらしい表現になります．

ピンコロ石積み

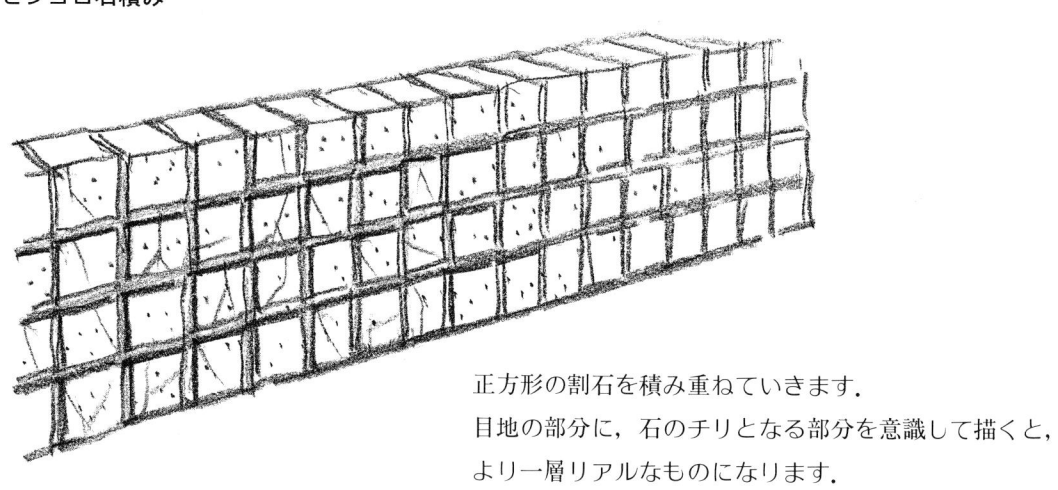

正方形の割石を積み重ねていきます．
目地の部分に，石のチリとなる部分を意識して描くと，より一層リアルなものになります．

自然石積み

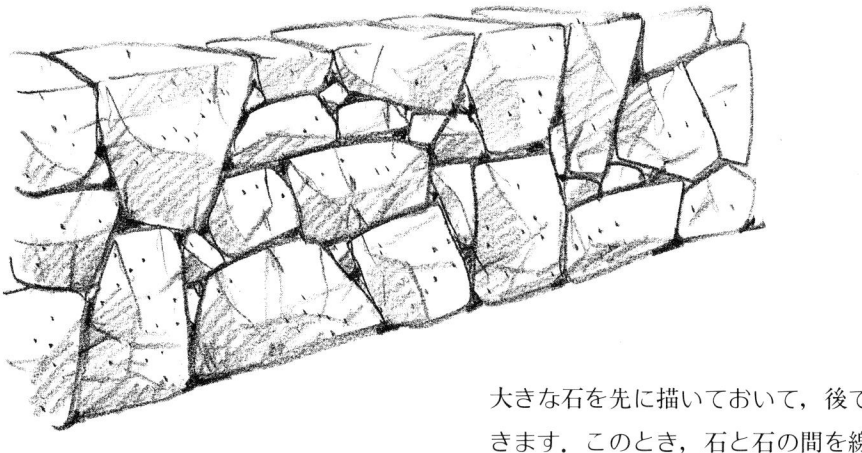

大きな石を先に描いておいて，後で小さな石を埋めていきます．このとき，石と石の間を線でつないでしまわないように注意してください．
小さな石も，独立した物体として描いていきましょう．

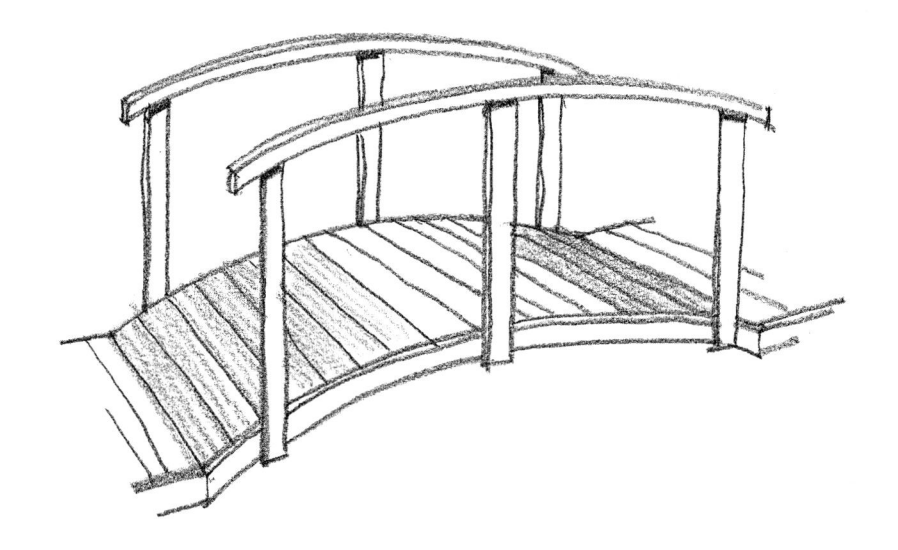

アクセサリー

木製橋梁
手すりと支えの部分とを区別して描くことが大切です．さらに，手前と向こう側も，意識して描いてください．

二段組木
丸太を止めている杭の描き方が重要．影の付け方一つで，すべての形状が決定されます．

砂利と見切り石
石が砂利に埋まり込んでいる部分は，実線を使用しないで，存在感を表現しましょう．

アクセサリー

建仁寺垣
割竹を竪貼りし，横桟の竹で止めています．

杉皮垣
杉皮を横桟の竹で止めています．

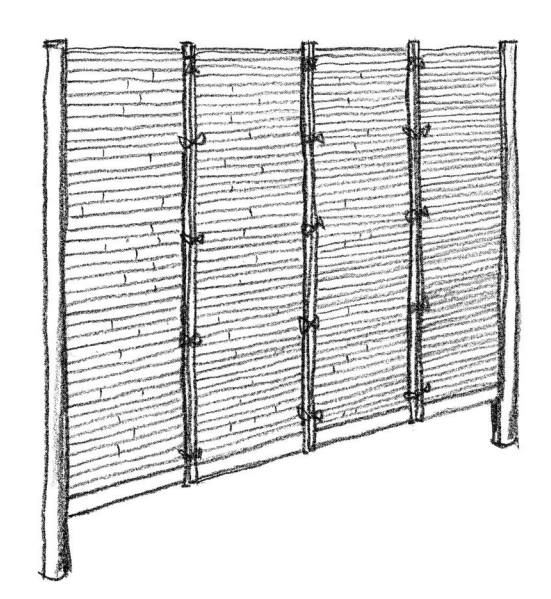

御簾垣
割竹を横貼りにし，竪桟の竹で止めています．

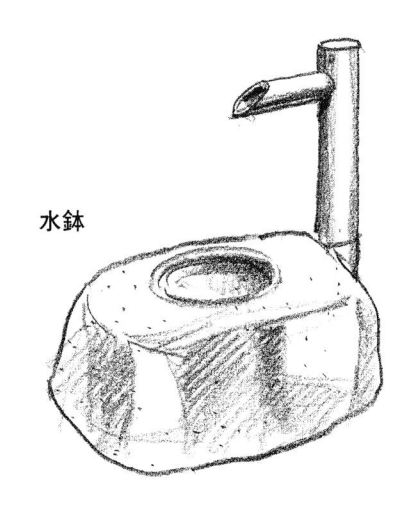

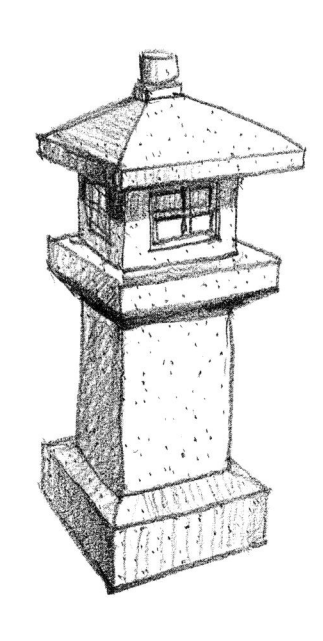

水鉢

灯籠
テクスチュアを点で表現します．

アクセサリー

玉袖垣

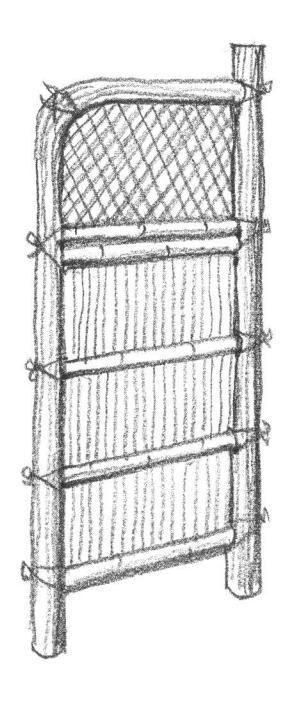

光悦寺垣

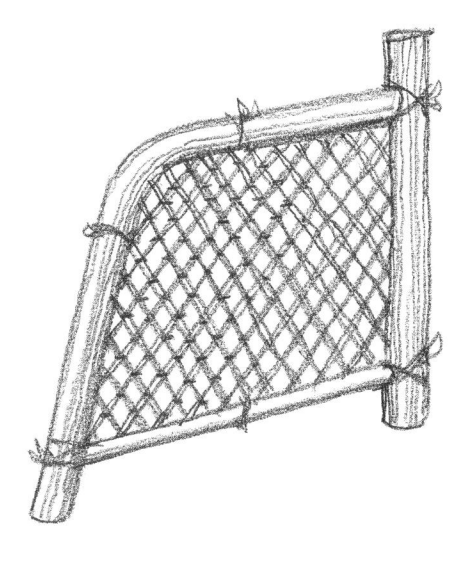

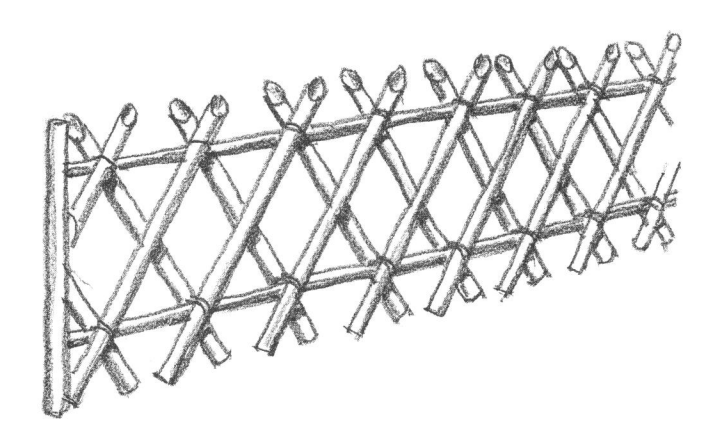

竹矢来垣
手前の部材と向こう側の部材を，分けて描きましょう．

龍安寺垣
竹が交差する部分がひもなどで結んであるので注意しましょう．

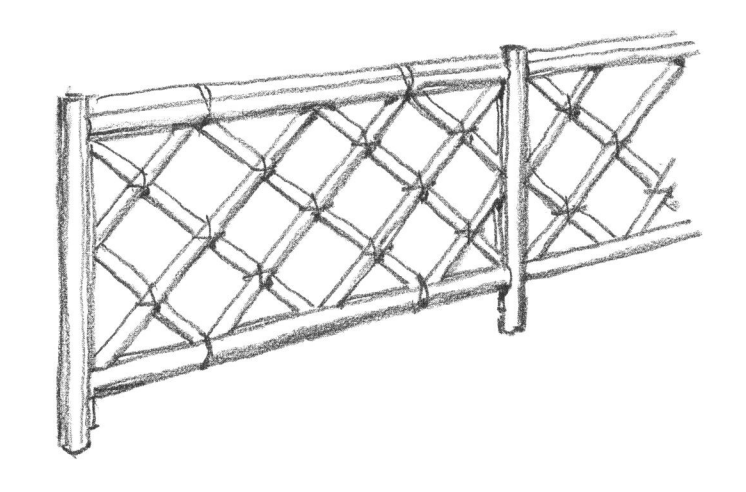

アクセサリー

アズマヤ

四角の箱をとり，大まかな形をとってから描き込みます．

ガーデンアーチ

アールの部分も，直方体をまず作ってから描き込みます．

ガゼボ

直方体の角を削り取りながら，形を整えていきます．

ガーデンアーチパーゴラ

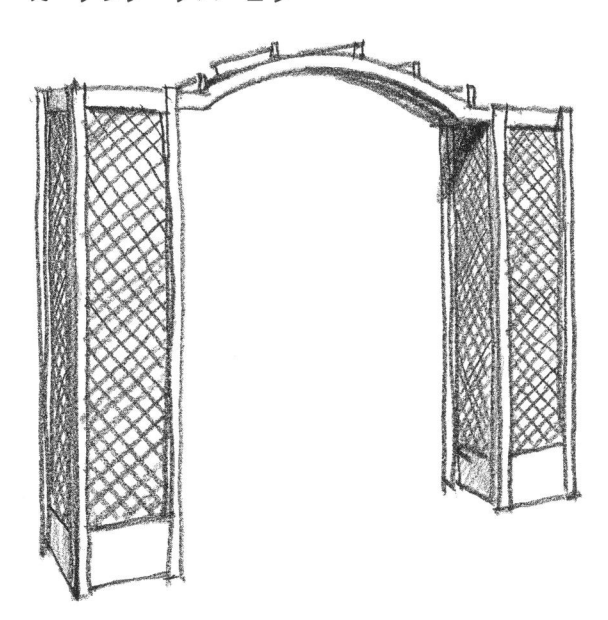

直方体の集合体としてとらえ，描きます．

アクセサリー

噴水

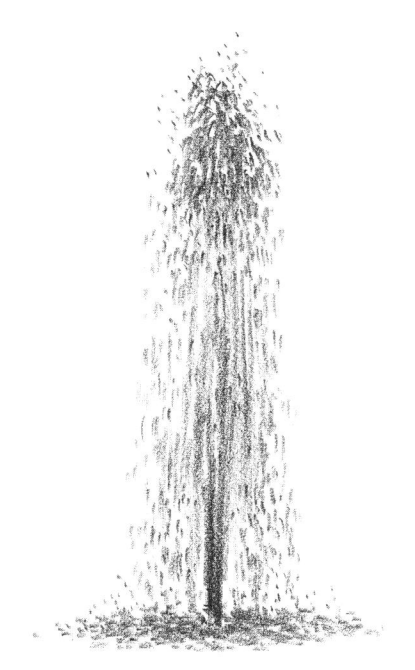

頂上の部分と水面のところに水しぶきがあがります．

水ごしに見える向こう側の様子は，あまりはっきり描き込まない方が，シンプルできれいにまとまります．

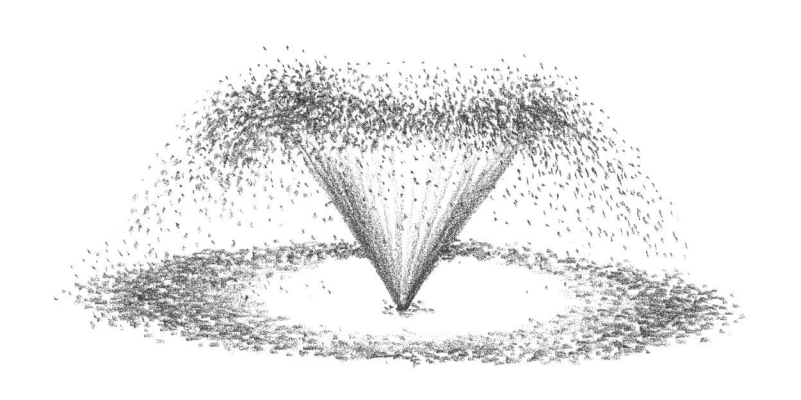

水膜のところは白く残しておきます．

アクセサリー

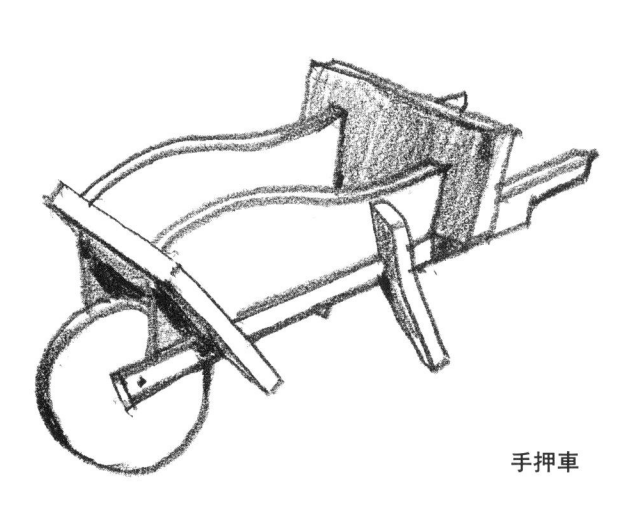

壁付噴水

床置型噴水

柱型花台

木馬

手押車

ポンプ

アクセサリー

陶器壺

石製花器

陶器壺

陶器プランター

陶器プランター

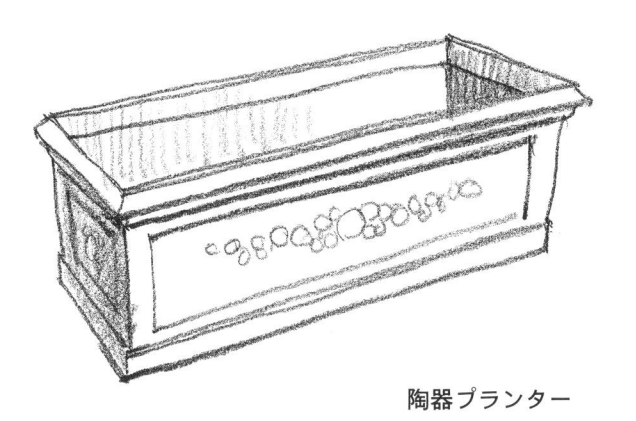

陶器プランター

アクセサリー

ガーデンベンチ

アクセサリー

ガーデンチェアー

ガーデンチェアー

アクセサリー

石製ガーデンセット

陶器製ガーデンセット

木製ブランコ

ハンモック

第3章
グリーンの種類

　グリーンを描くと一言で言っても，その種類は無数にあります．この章では，樹木としての分類と観葉植物に分け，それらの描き方のポイントと見本をまとめてみました．まず最初に，樹木と観葉植物とアクセサリーを組み合わせたプレゼンテーションの実例を8点示してみましたので，参考にしてください．

セカンドリビングとしてのおもむきをもったパーゴラ・テラス

ウッドデッキで楽しむカジュアルな庭

プレゼンテーションの実例

ハナミズキ / 木製棚 / チャノキ / 陶器壺 / 石貼 / クチナシ / アセビ

奥まった玄関へ続く，さりげないカントリー風アプローチ

噴水 / オウゴンクジャクヒバ / ニオイシュロラン / エンジュ / プリペット / アオキ / アルミガーデンチェアー / テラコッタタイル

すずしげな噴水を設けたパティオ風庭園

プレゼンテーションの実例

落ち着いた古典的様式でまとめた応接室

- 天井 プラスター塗
- 壁 クロス貼
- アカリファ
- 腰 鏡板
- シペラス
- ミツヤシ
- フィカスプミラ
- 床 大理石

機能的でモダンな住まい方の，ナチュラル素材を使ったリビングルーム

- 天井 クロス貼
- 壁 クロス貼
- シュロチク
- アジアンタム
- クロトン
- 床 フローリング
- シャギーカーペットピース敷

プレゼンテーションの実例

アウトドアリビングの要素を持ち込んだ人工的な洋風庭園

伝統的な配置と素材を使用し，様式を重視した和風庭園

樹木の描き方

■ 樹木を描くには

樹木を描くには，その葉の形状，樹木全体のボリューム，季節による変化の状況を，ある程度把握する必要があります．

下記に示したのは，基本的な樹木の描き方の手順です．これをもとに，次ページ以降に続く見本を見ながら，樹木のスケッチを練習してみましょう．

まず，大まかに樹形をとらえること，次に枝を描くのか，葉のかたまりをつかむのか，樹によっても描く順序が若干，変わってきますので，樹種に応じて練習を重ねられると良いでしょう．

■ 樹木の形状の取り方〈低木〉

ゴールドクレスト

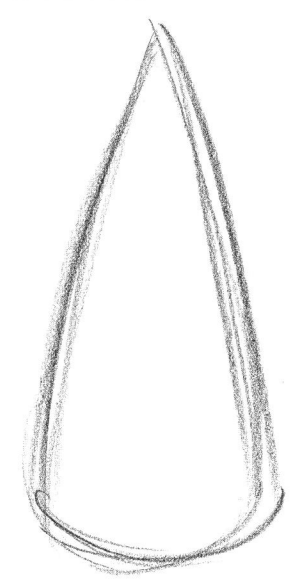

①樹木の形を取る． 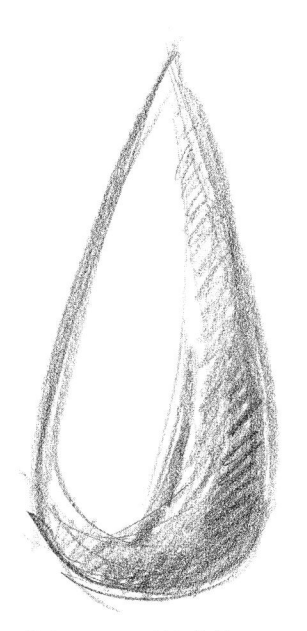　　②大まかな陰影を付ける． 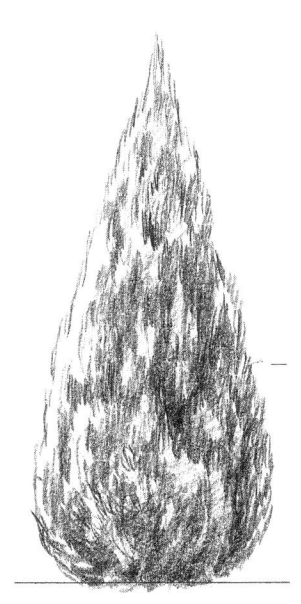　　③葉のタッチを描き込み，形を整える．

クルメツツジ

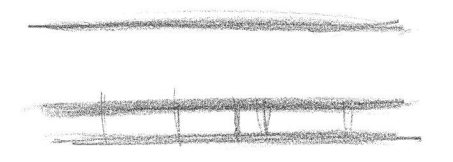

①樹の固まりを整える． 　　②葉の動きを描き込む． 　　③葉のタッチを描き込み，形を整える．

イヌツゲ

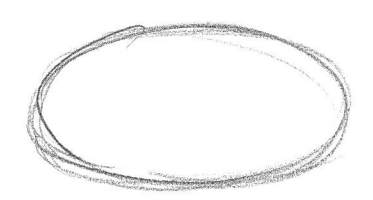

①樹の固まりを整える． 　　②大まかな陰影を付ける． 　　③葉のタッチを描き込み，形を整える．

樹木の描き方

樹木の形状の取り方〈高木〉

クスノキ

①大まかな葉の固まりをとらえる．

②葉のタッチを描き込む．

③細かいタッチと陰を表現する．

ケヤキ

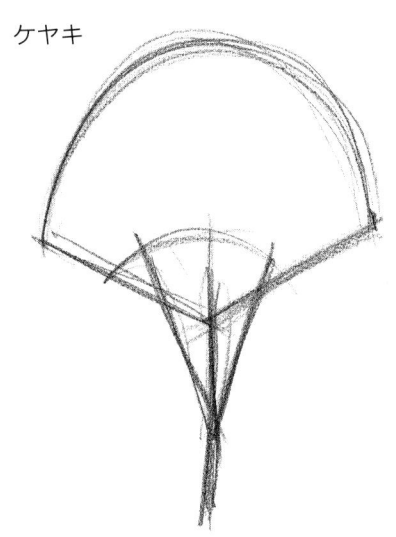

①樹形をとらえる．

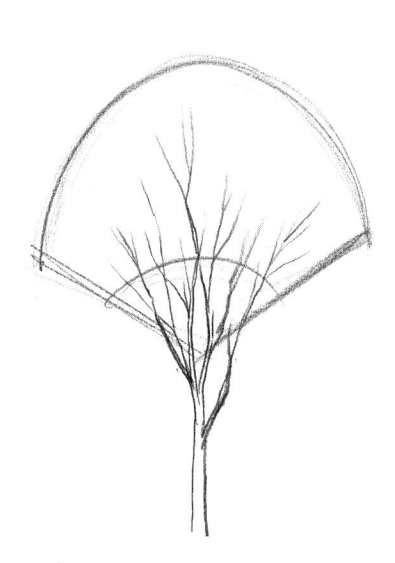

②幹と枝を描き込む．

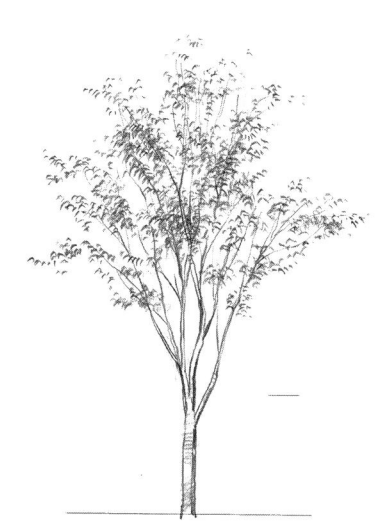

③葉を描き込む．

トウカエデ

①樹形をとらえる．

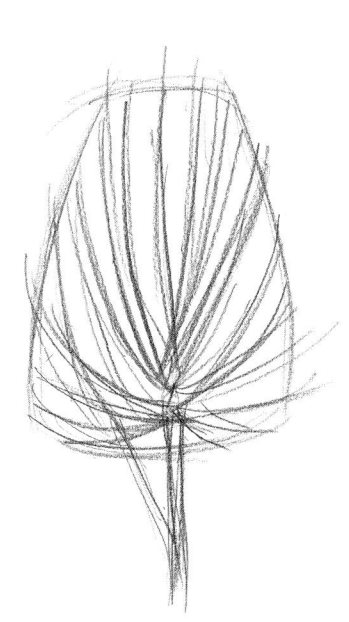

②枝の動きをとらえる．

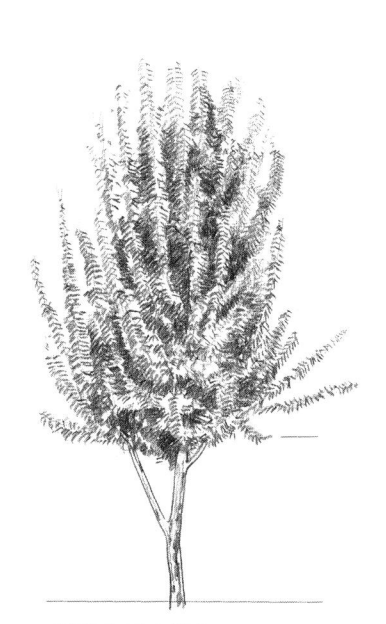

③葉を描き込む．

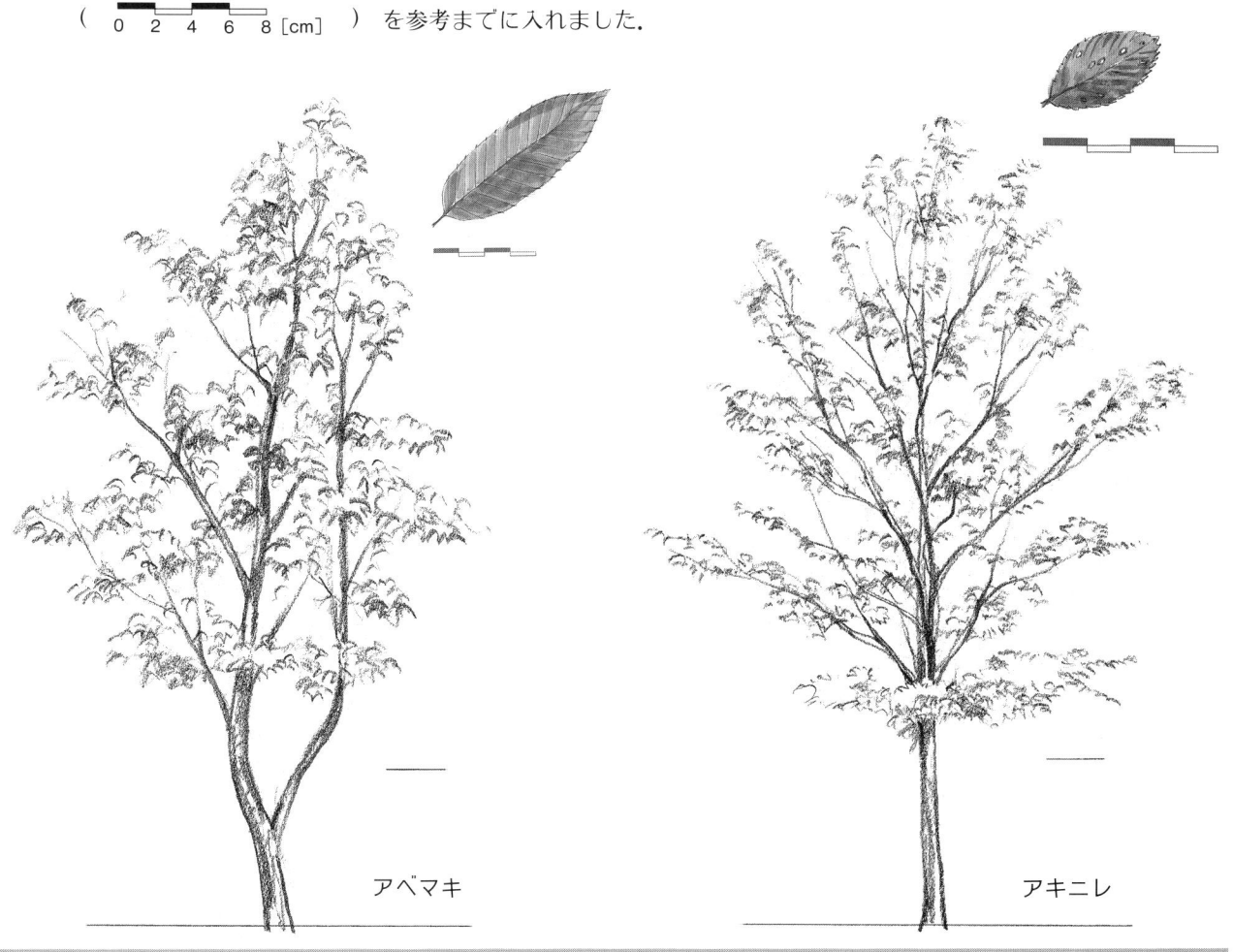

落葉広葉樹〈高木〉

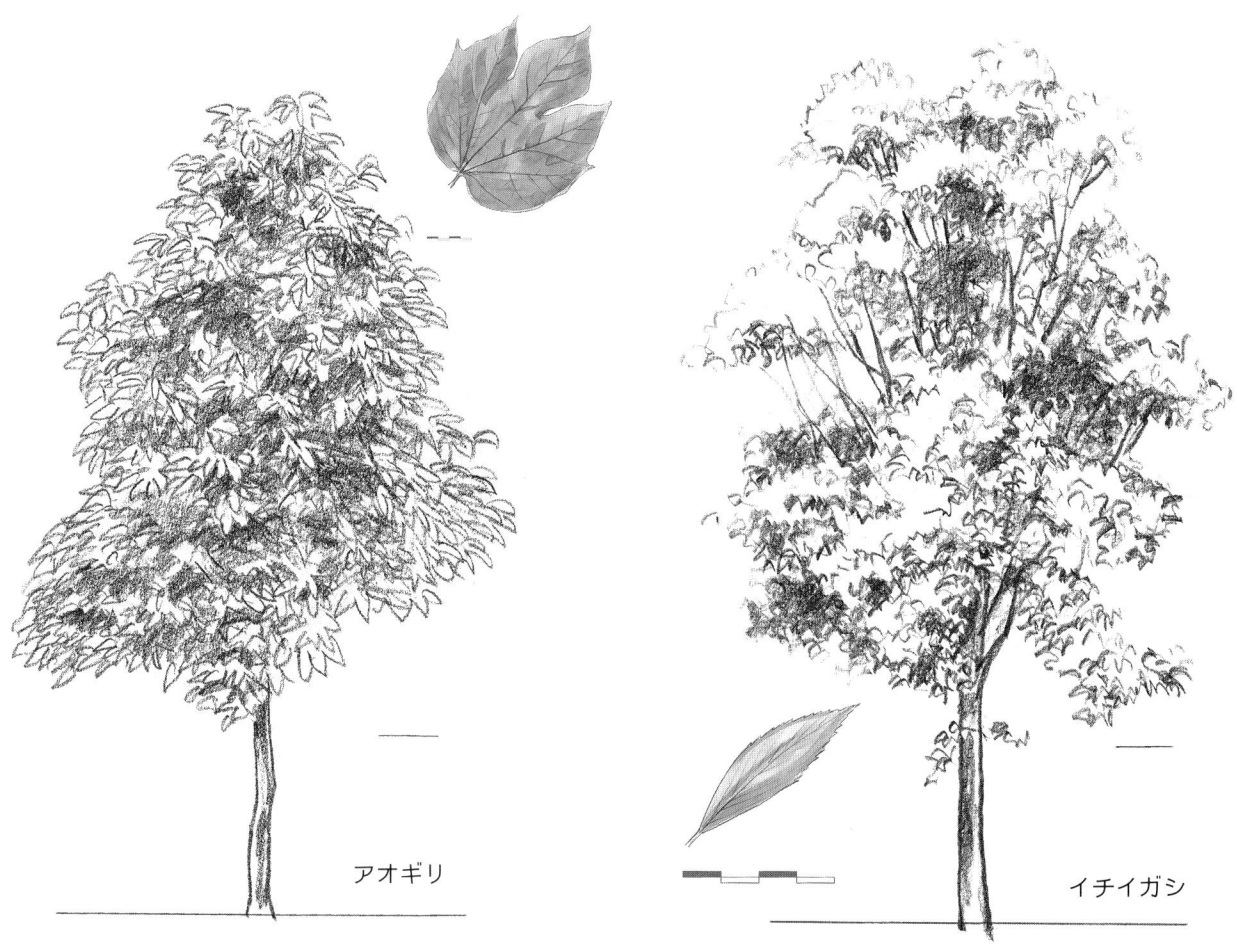

アオギリ

イチイガシ

〈凡例〉 樹形には HL (1.5 m) を短く，またそれぞれの葉のスケッチには各 2 cm きざみ（計 8 cm）のスケール（ 0 2 4 6 8 [cm] ）を参考までに入れました．

アベマキ

アキニレ

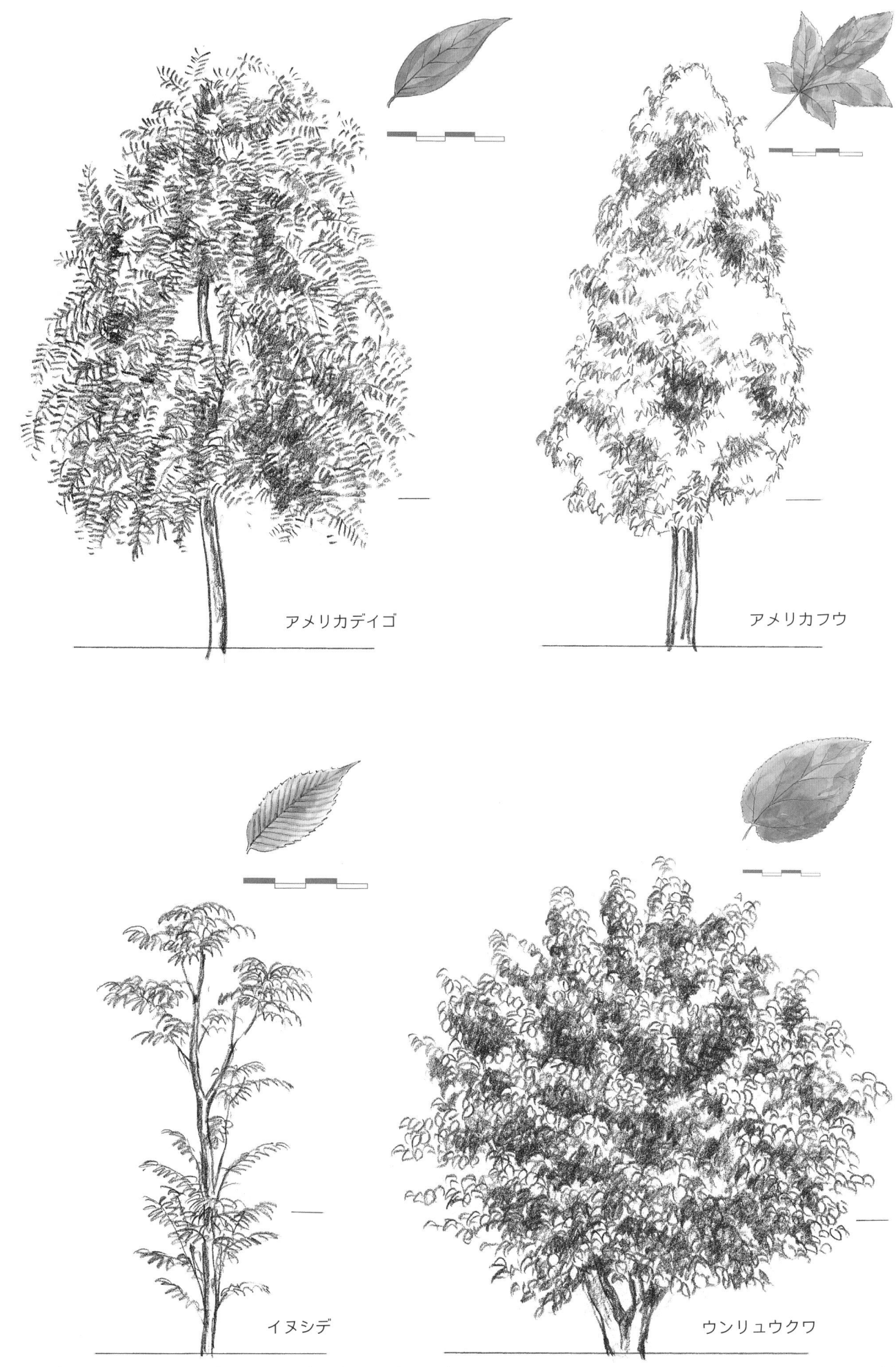

落葉広葉樹〈高木〉

アメリカデイゴ

アメリカフウ

イヌシデ

ウンリュウクワ

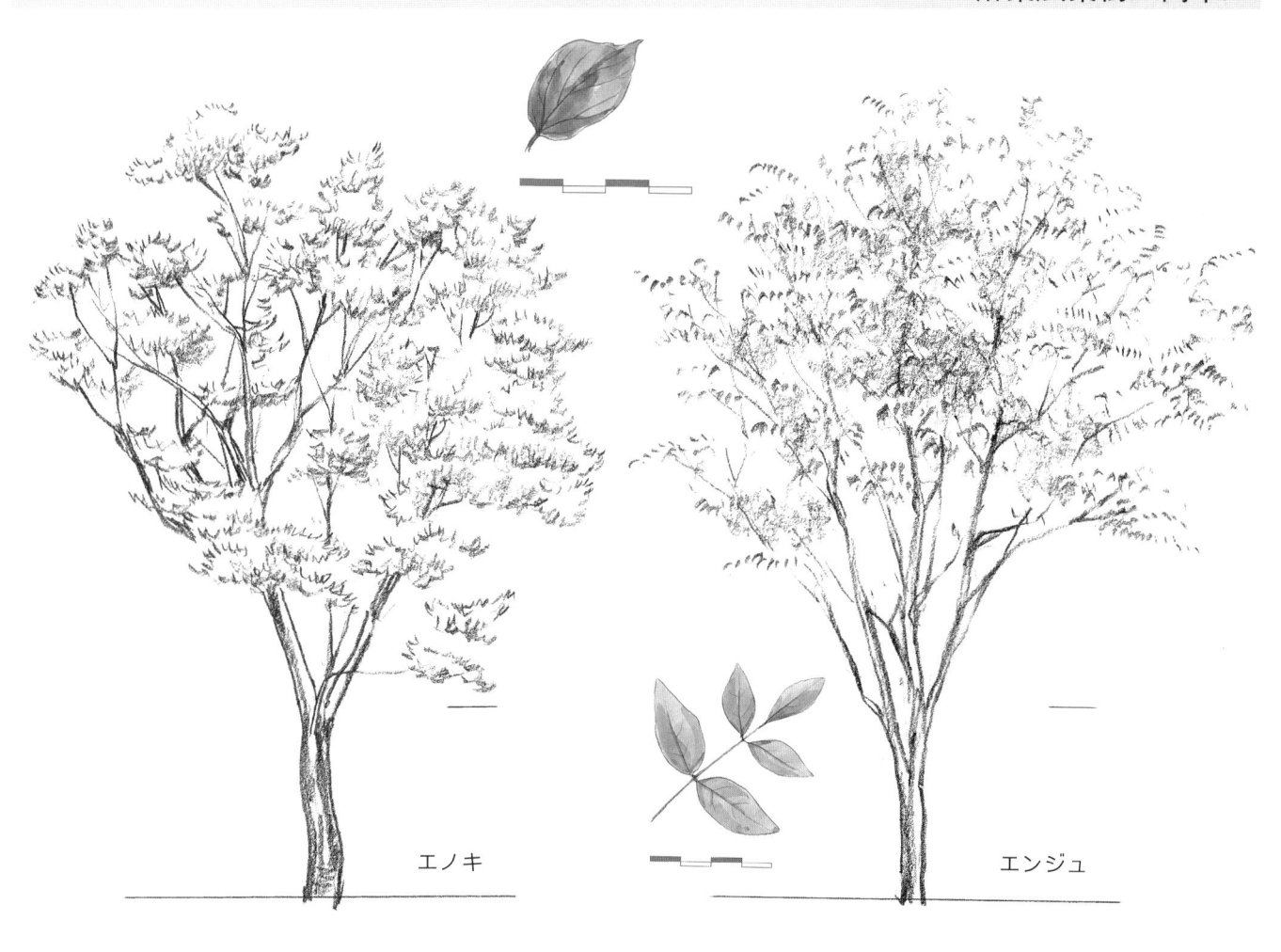

落葉広葉樹〈高木〉

エノキ

エンジュ

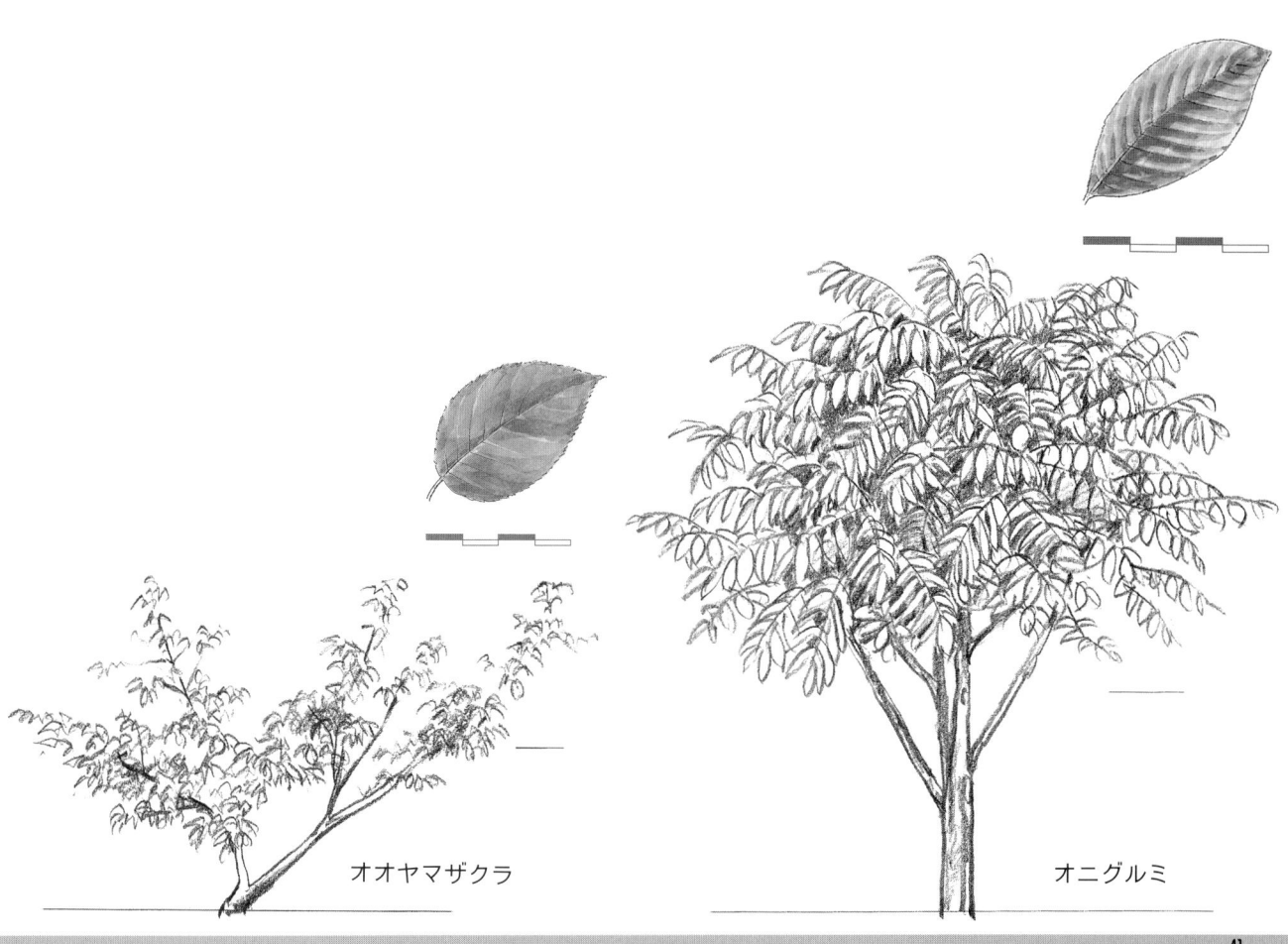

オオヤマザクラ

オニグルミ

落葉広葉樹〈高木〉

カキ

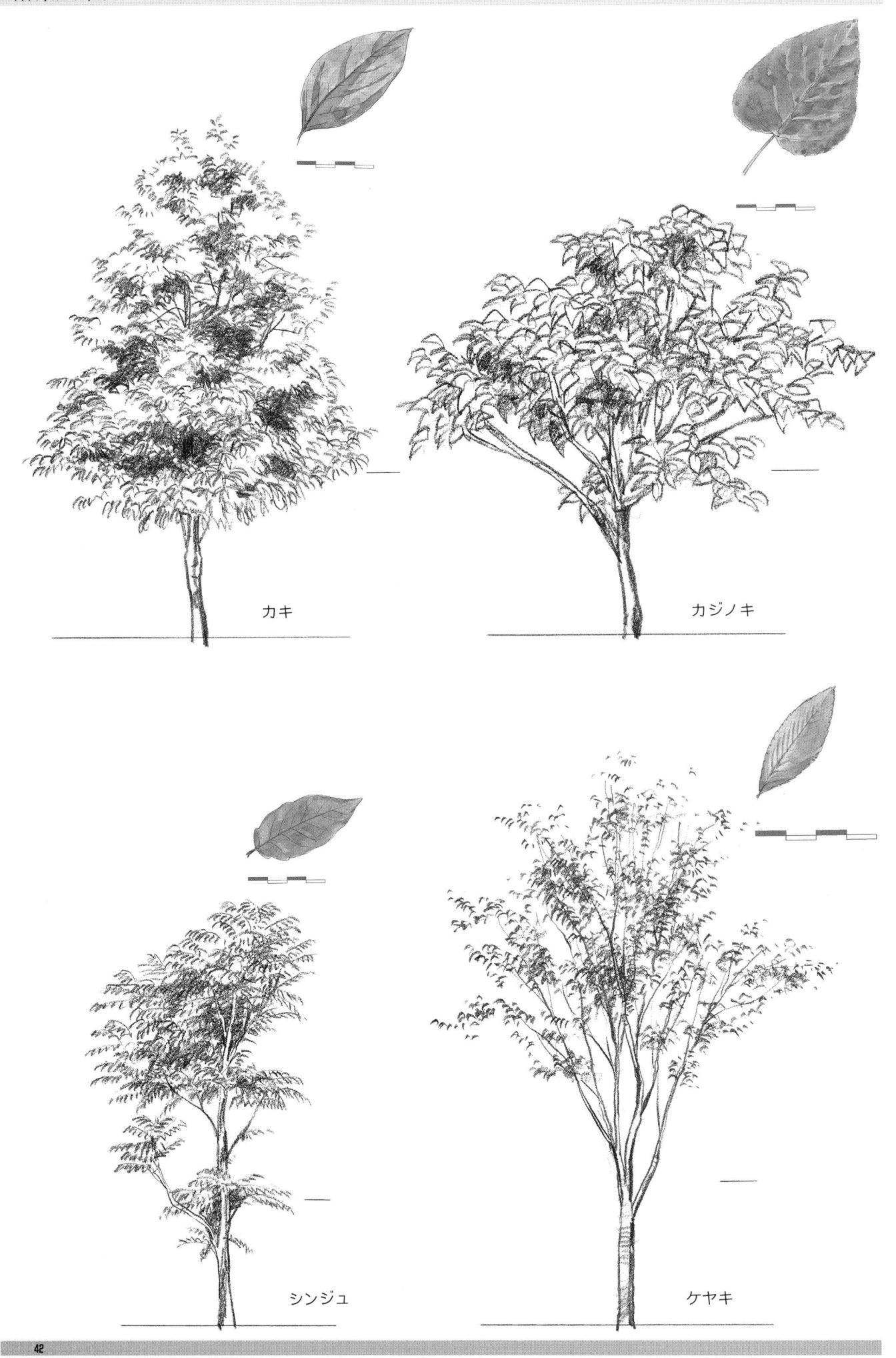

カジノキ

シンジュ

ケヤキ

落葉広葉樹〈高木〉

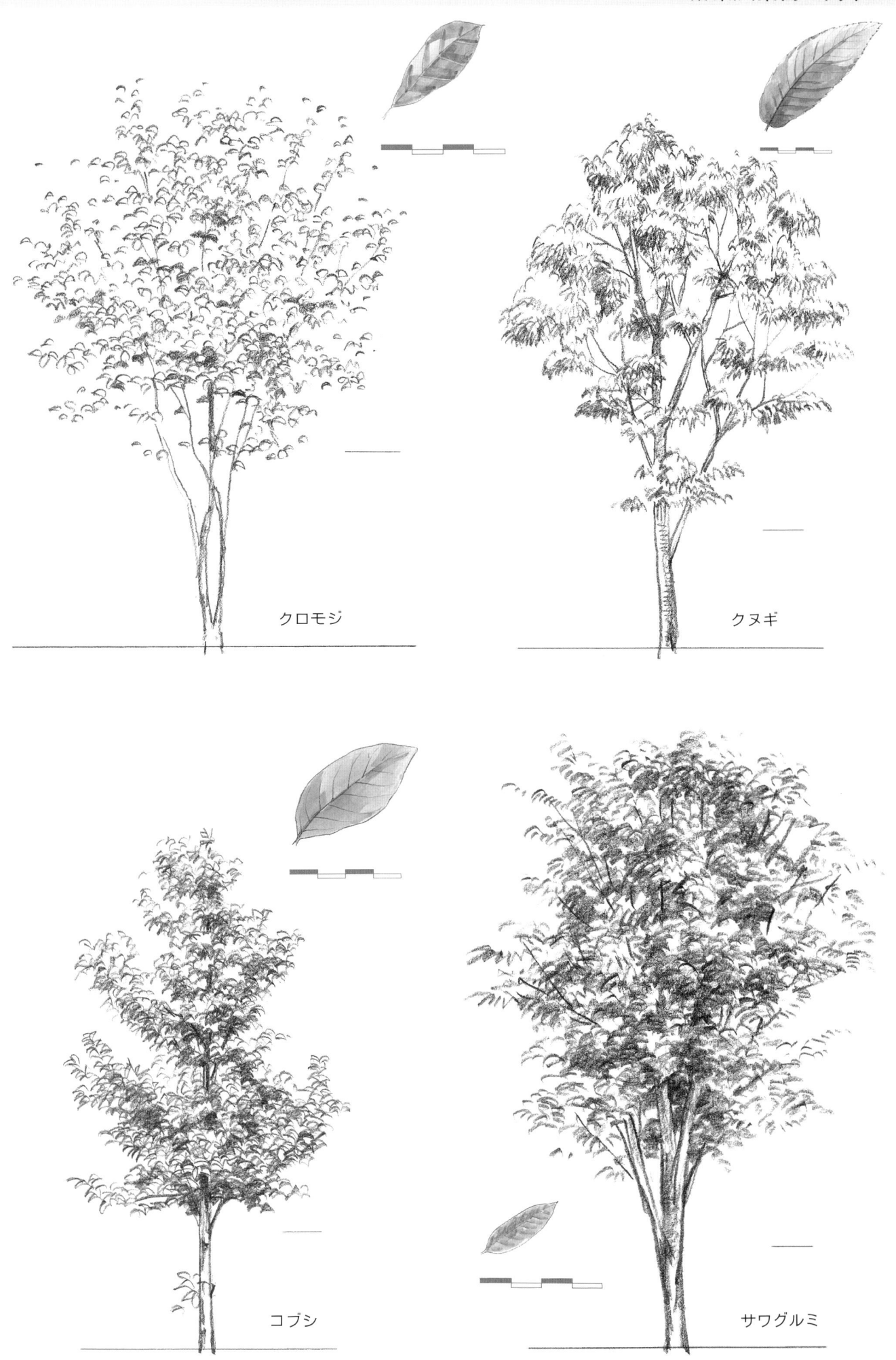

クロモジ

クヌギ

コブシ

サワグルミ

落葉広葉樹〈高木〉

シダレヤナギ

シナサワグルミ

センダン

ナラガシワ

落葉広葉樹〈高木〉

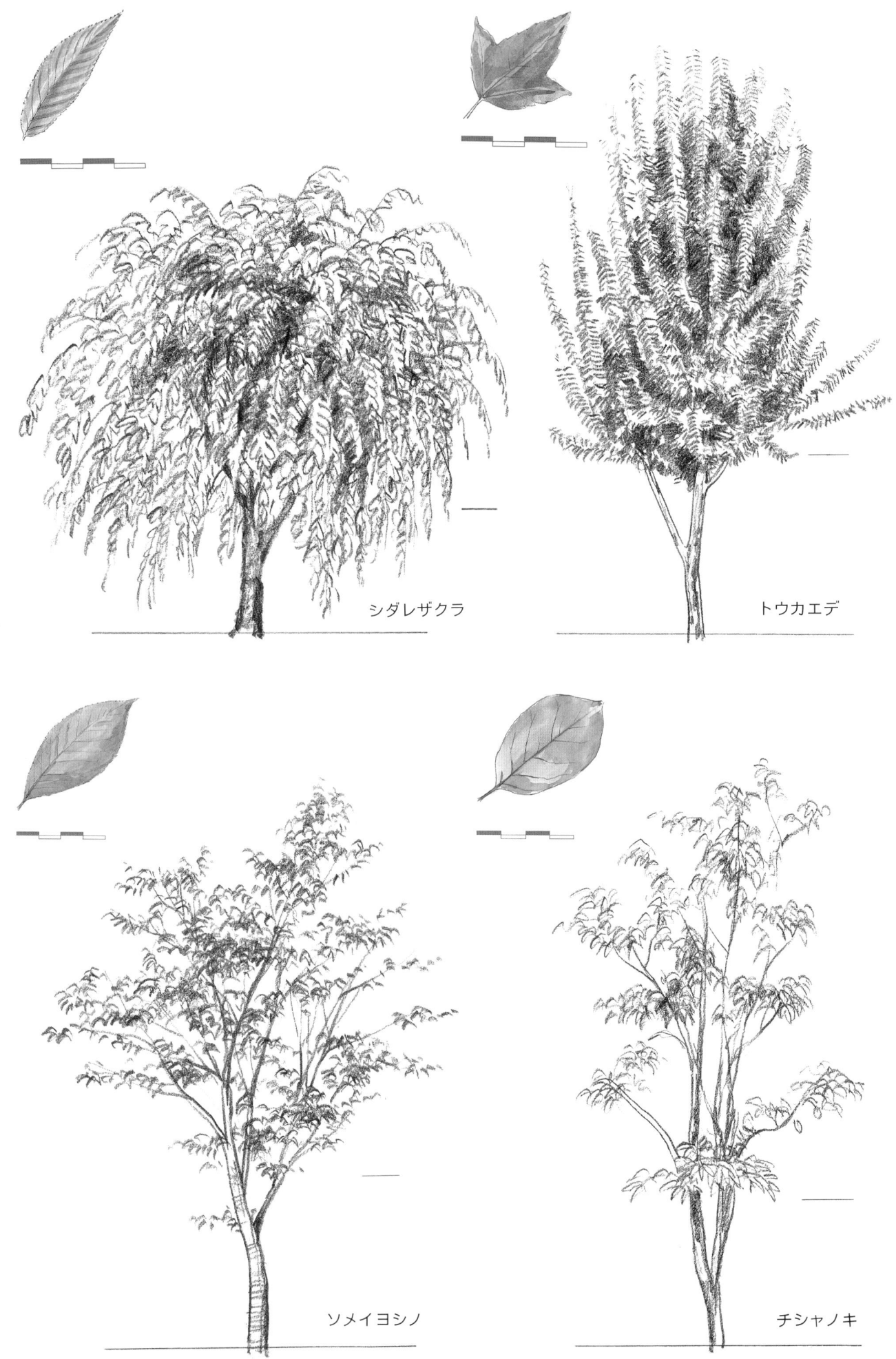

シダレザクラ

トウカエデ

ソメイヨシノ

チシャノキ

落葉広葉樹〈高木〉

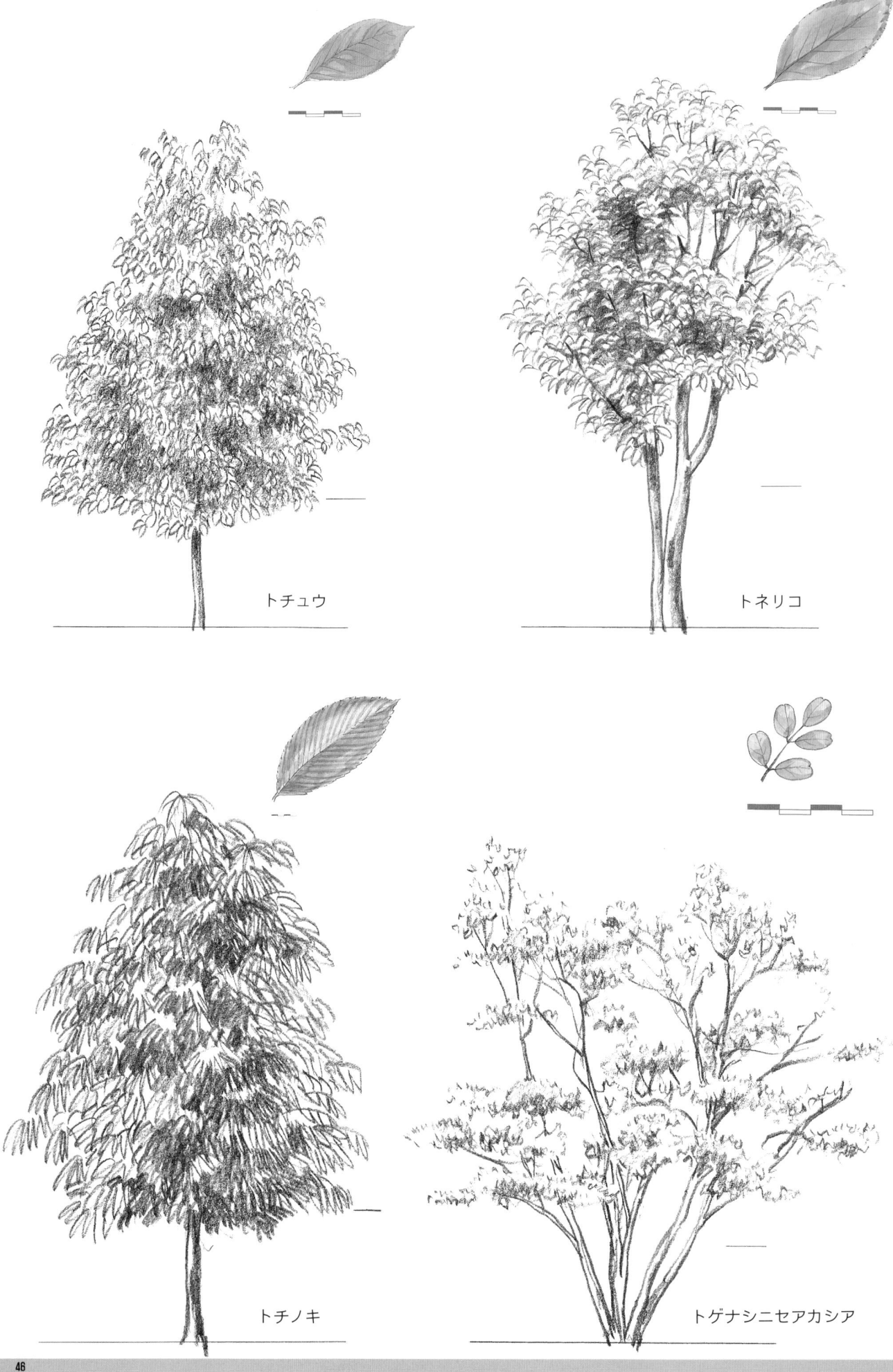

トチュウ

トネリコ

トチノキ

トゲナシニセアカシア

落葉広葉樹〈高木〉

ナンキンハゼ

ナナカマド

ハリエンジュ

フウ

落葉広葉樹〈高木〉

プラタナス

ホオノキ

ボダイジュ

ムクノキ

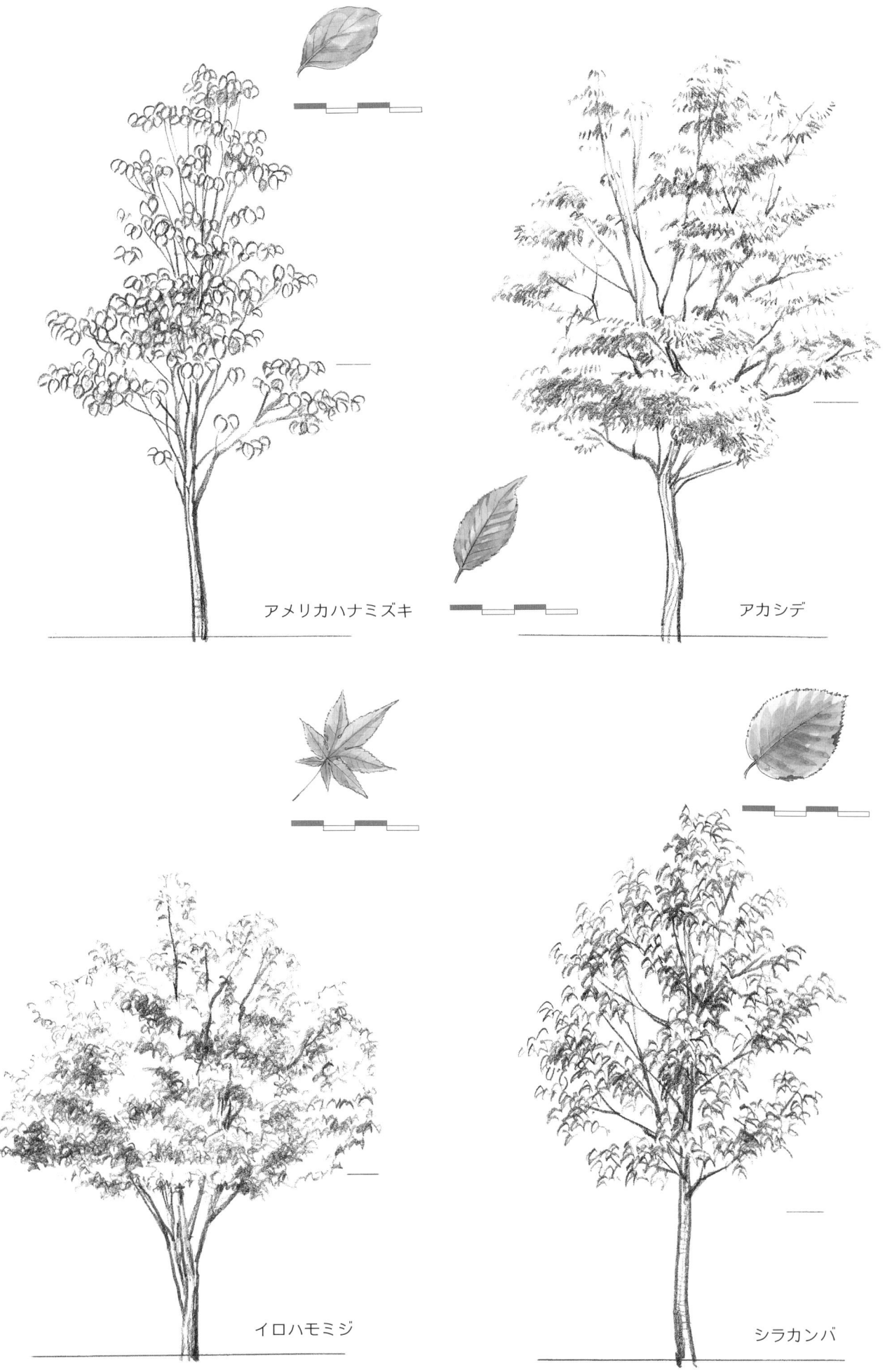

落葉広葉樹〈中木〉

アメリカハナミズキ

アカシデ

イロハモミジ

シラカンバ

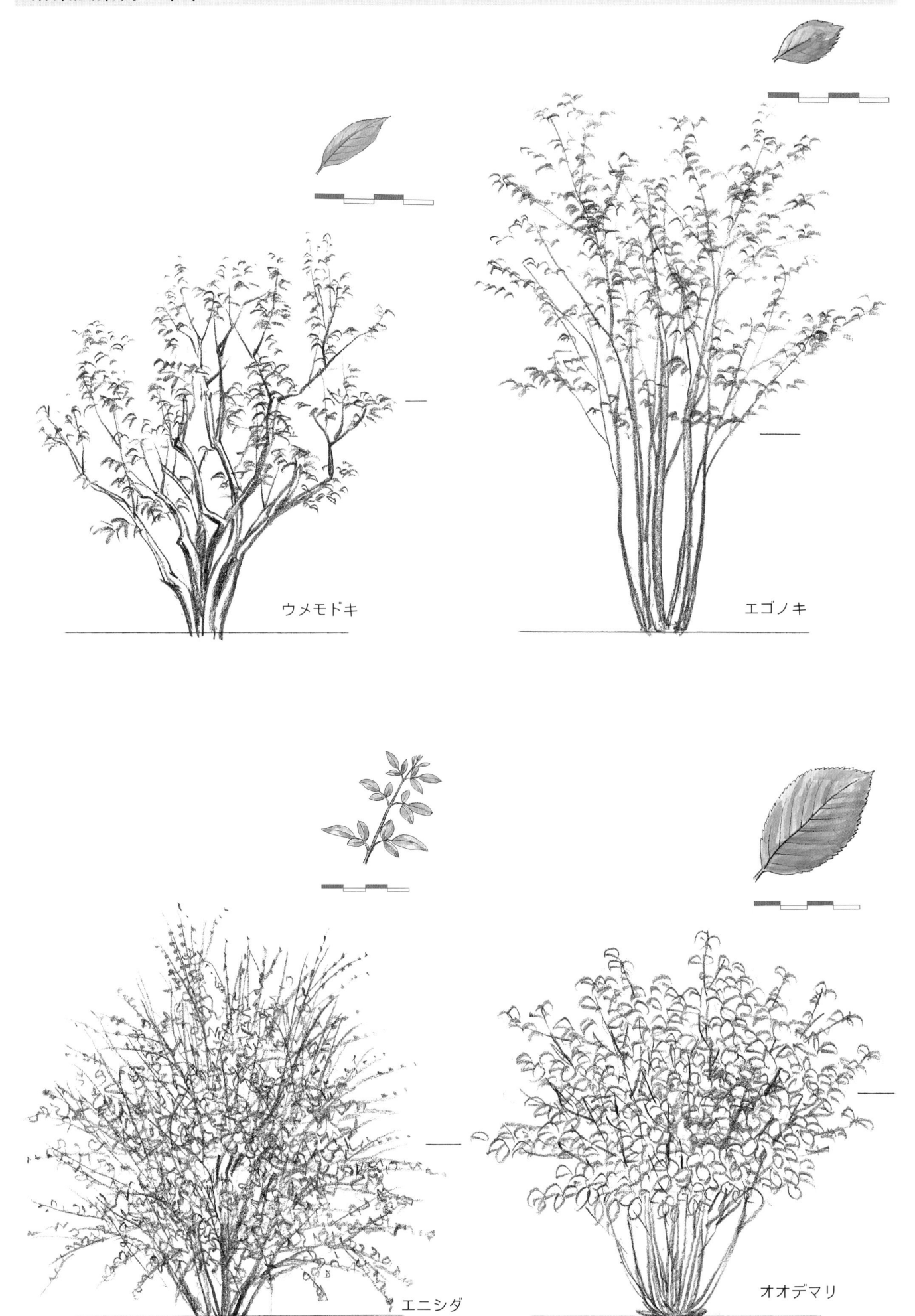

落葉広葉樹〈中木〉

ウメモドキ

エゴノキ

エニシダ

オオデマリ

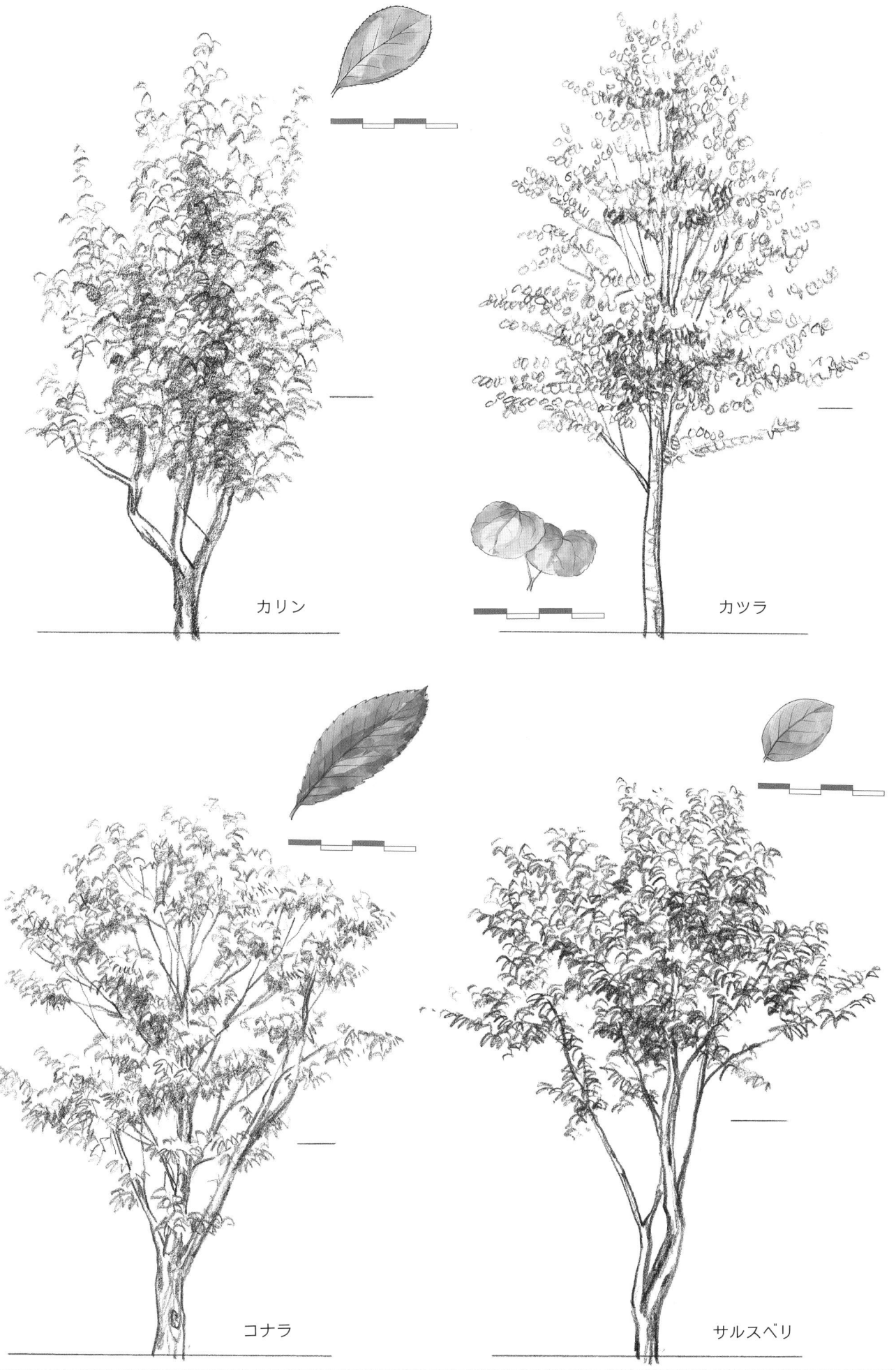

落葉広葉樹〈中木〉

カリン

カツラ

コナラ

サルスベリ

落葉広葉樹〈中木〉

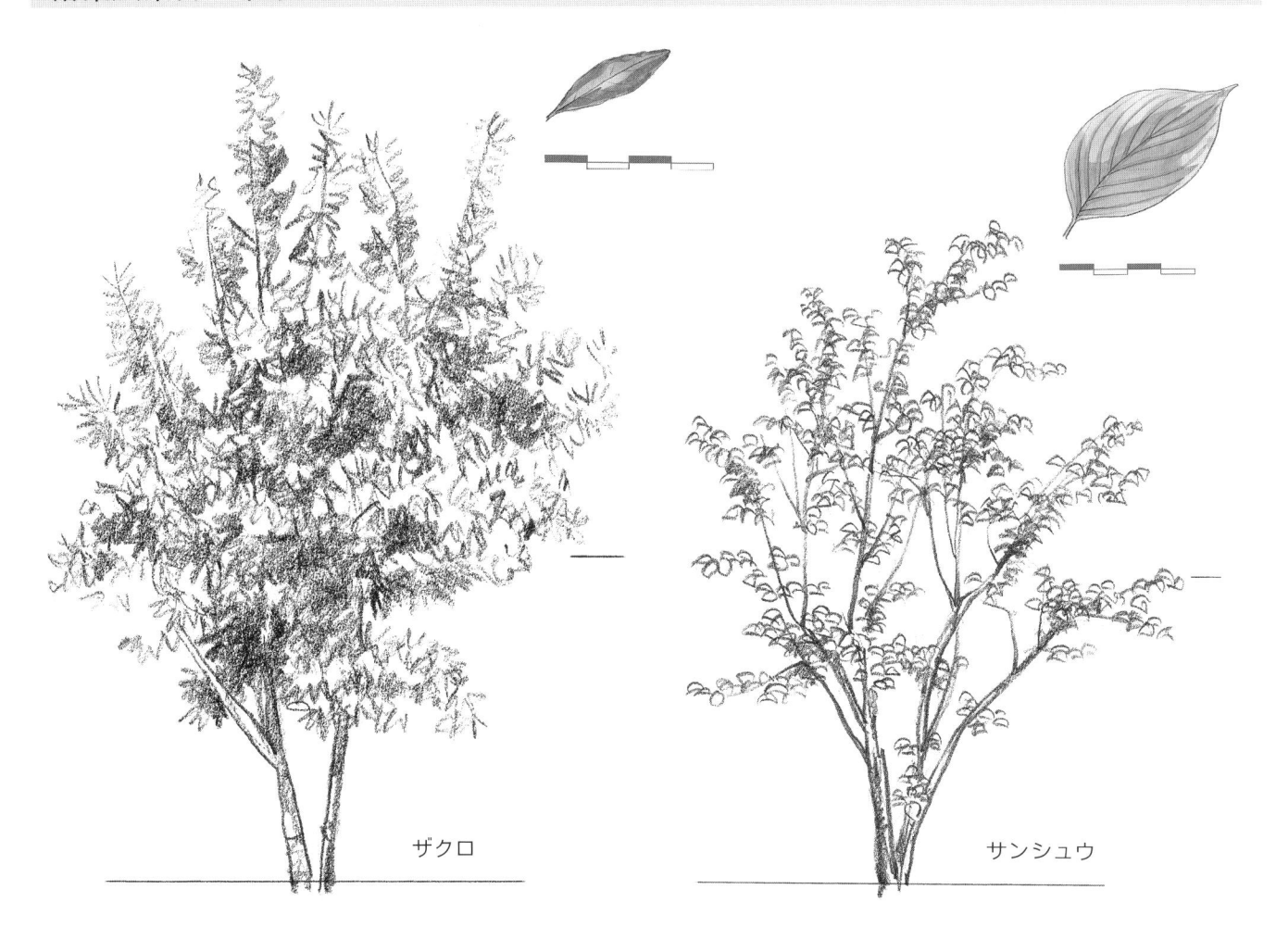

ザクロ

サンシュウ

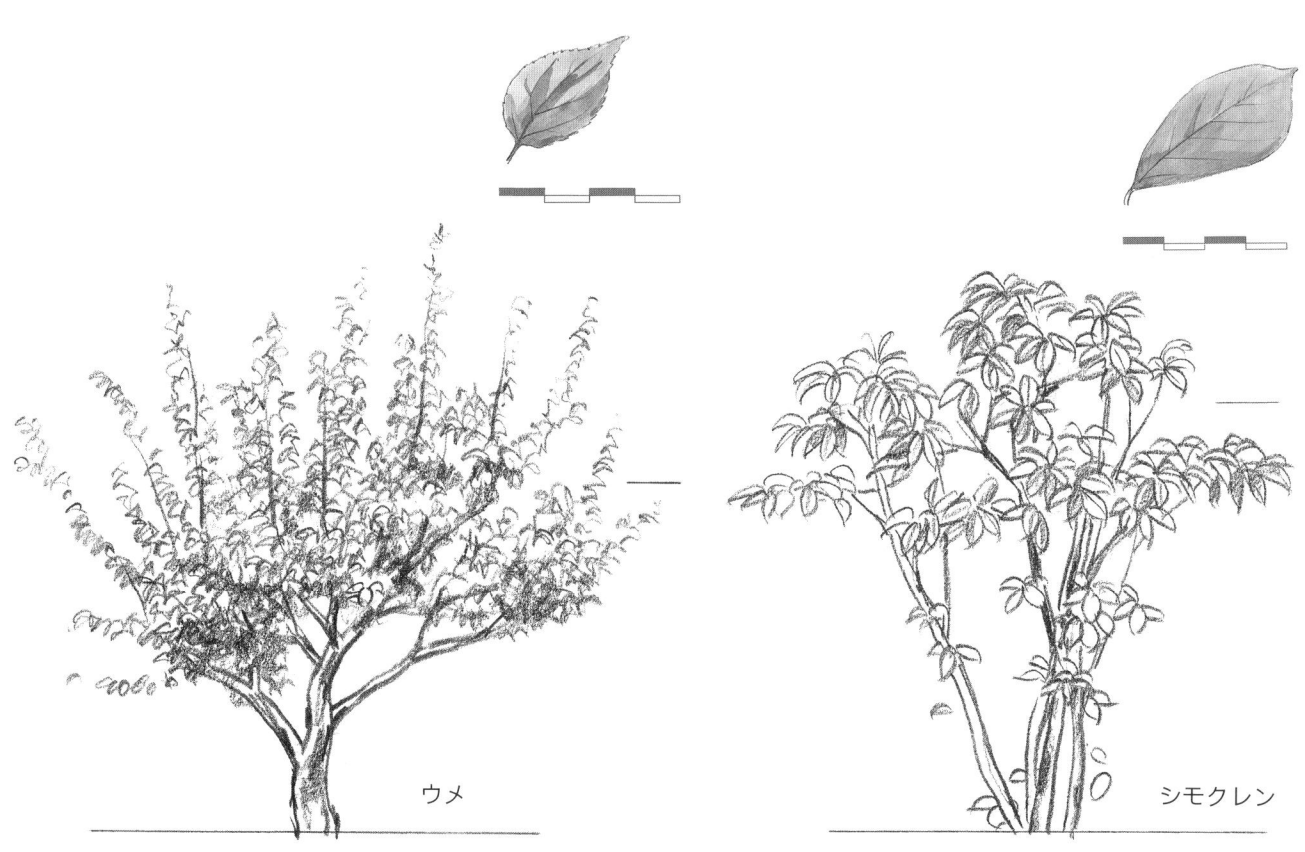

ウメ

シモクレン

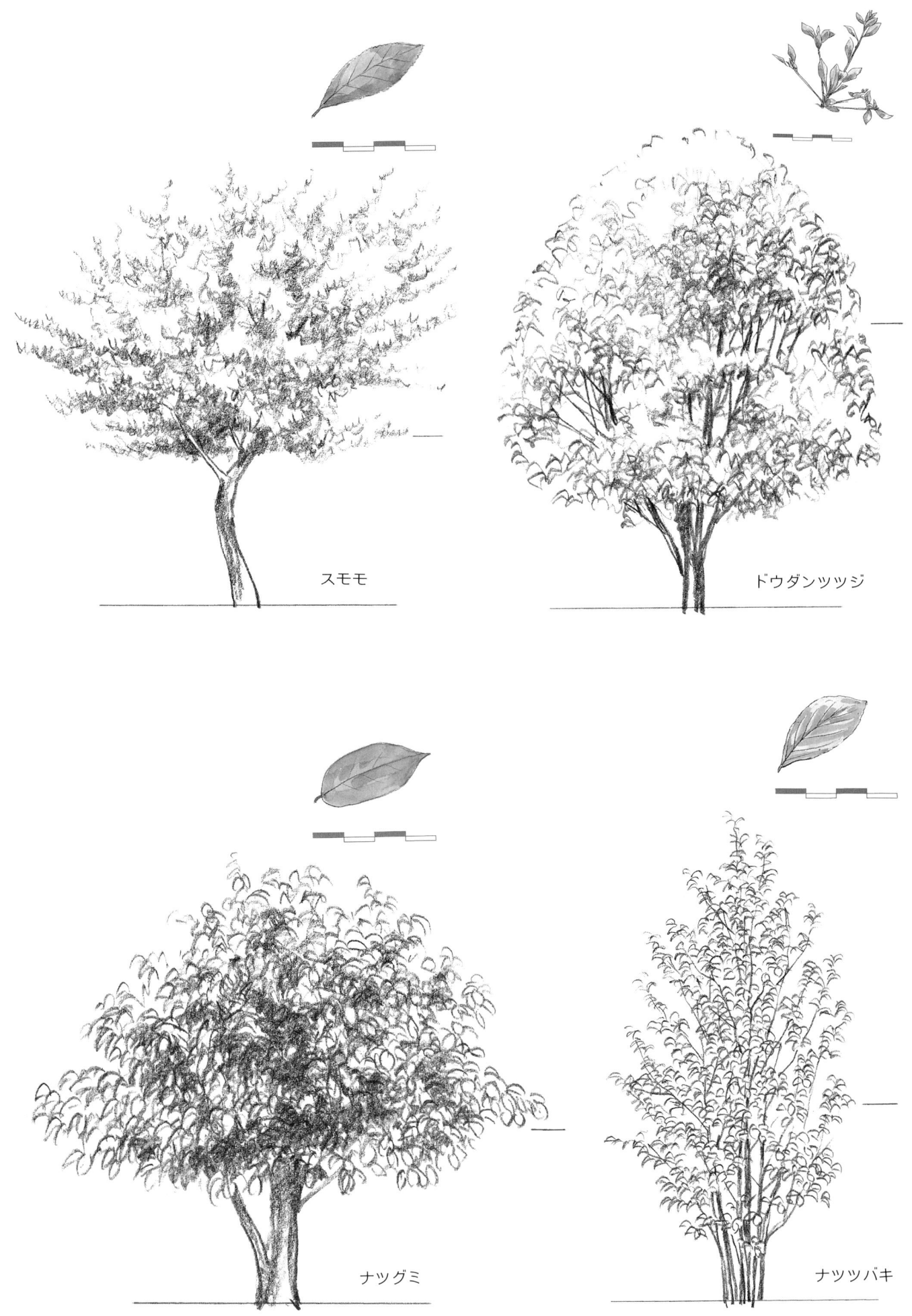

落葉広葉樹〈中木〉

スモモ

ドウダンツツジ

ナツグミ

ナツツバキ

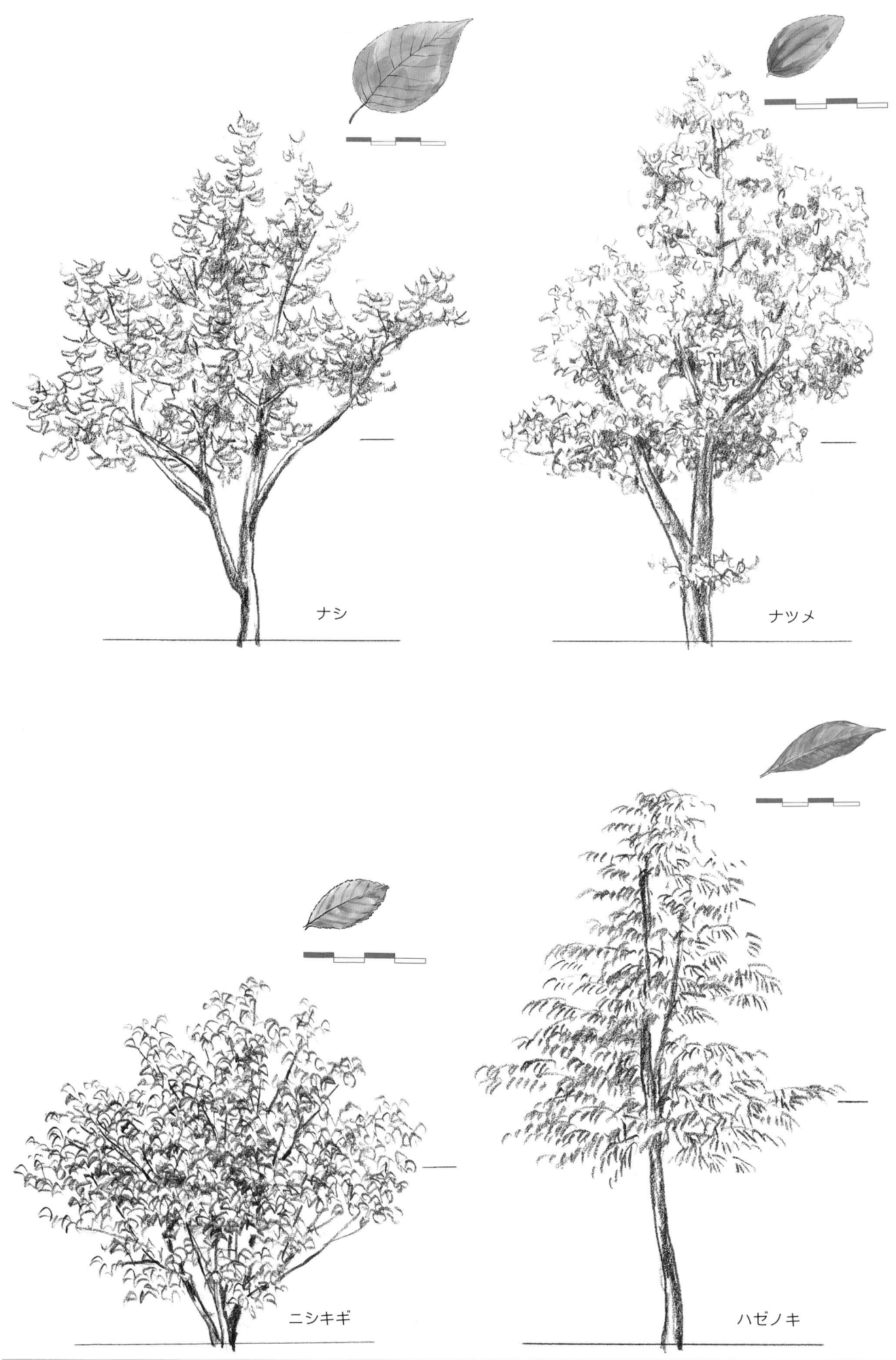

落葉広葉樹〈中木〉

ナシ

ナツメ

ニシキギ

ハゼノキ

落葉広葉樹〈中木〉

ハナカイドウ

ハナミズキ

ベニバスモモ

ハナノキ

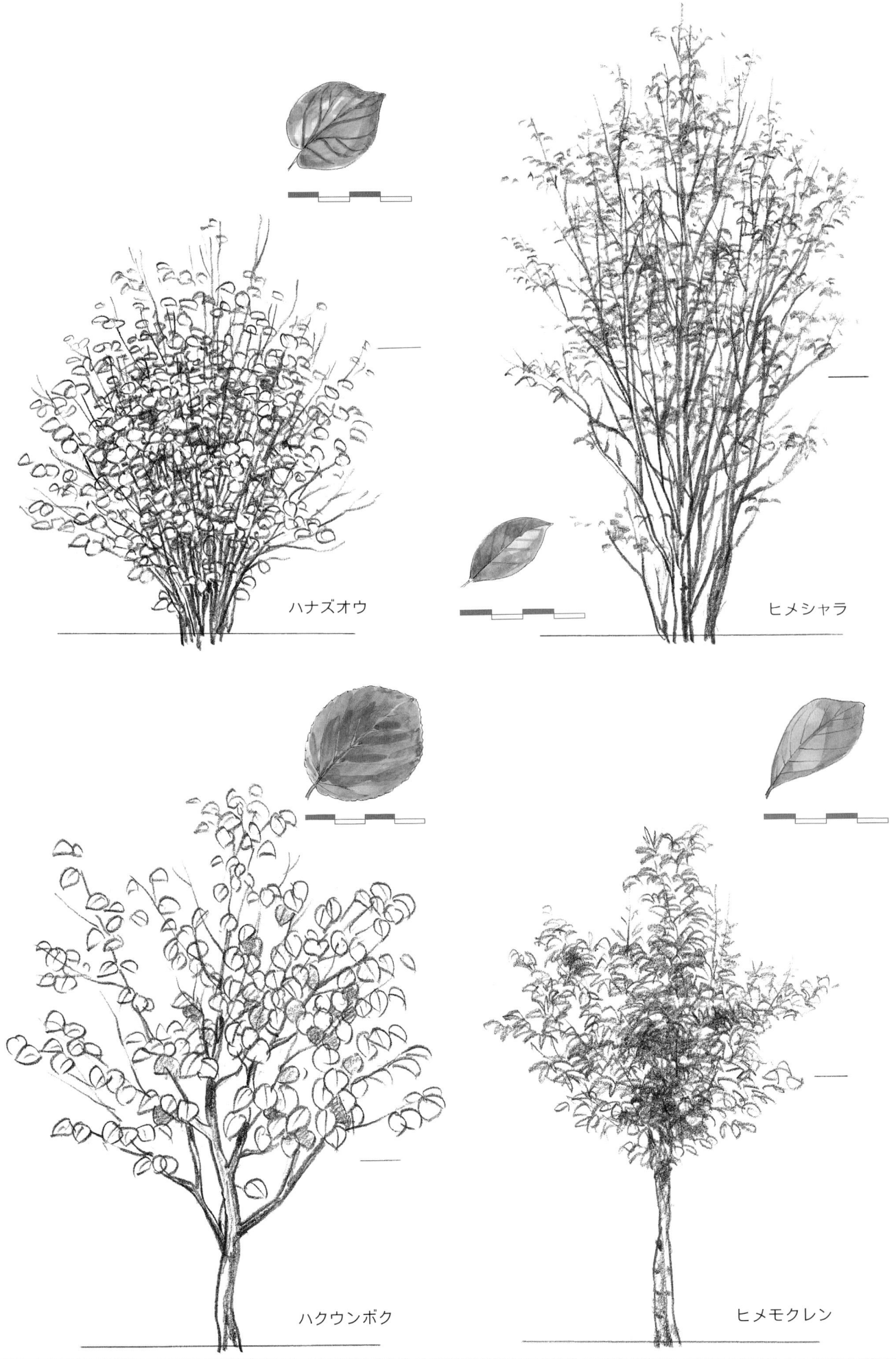

落葉広葉樹〈中木〉

ハナズオウ

ヒメシャラ

ハクウンボク

ヒメモクレン

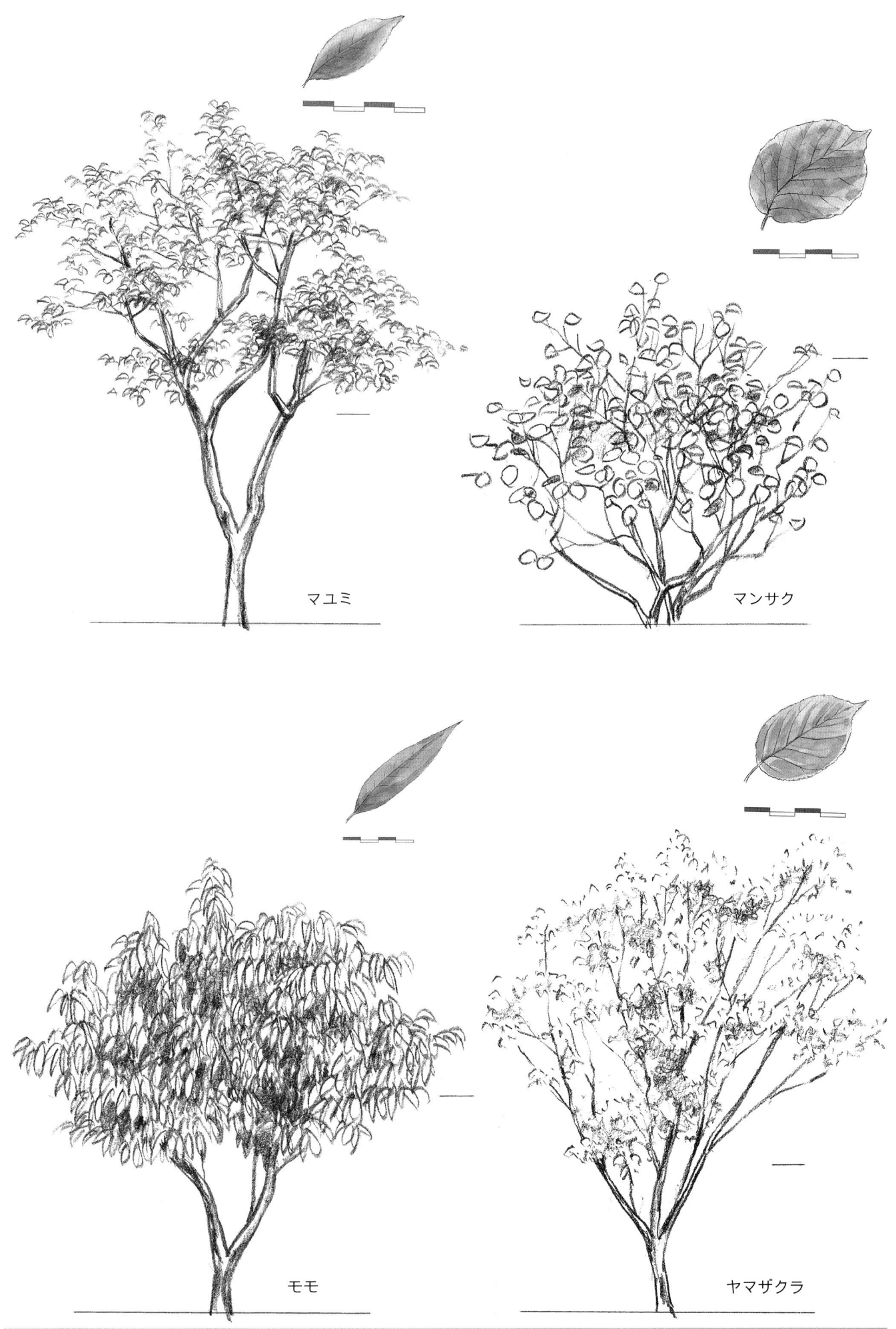

落葉広葉樹〈中木〉

マユミ

マンサク

モモ

ヤマザクラ

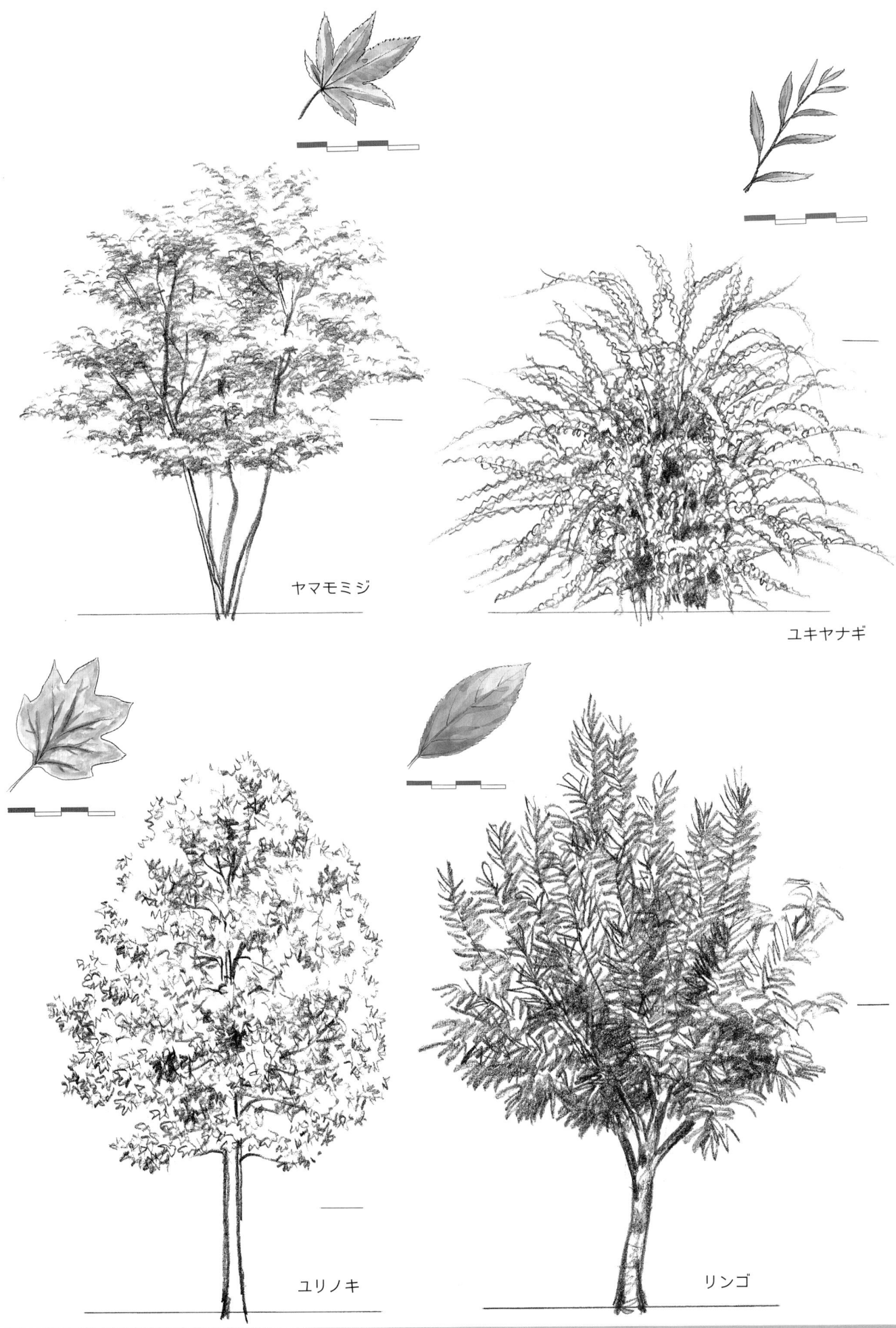

落葉広葉樹〈中木〉

ヤマモミジ

ユキヤナギ

ユリノキ

リンゴ

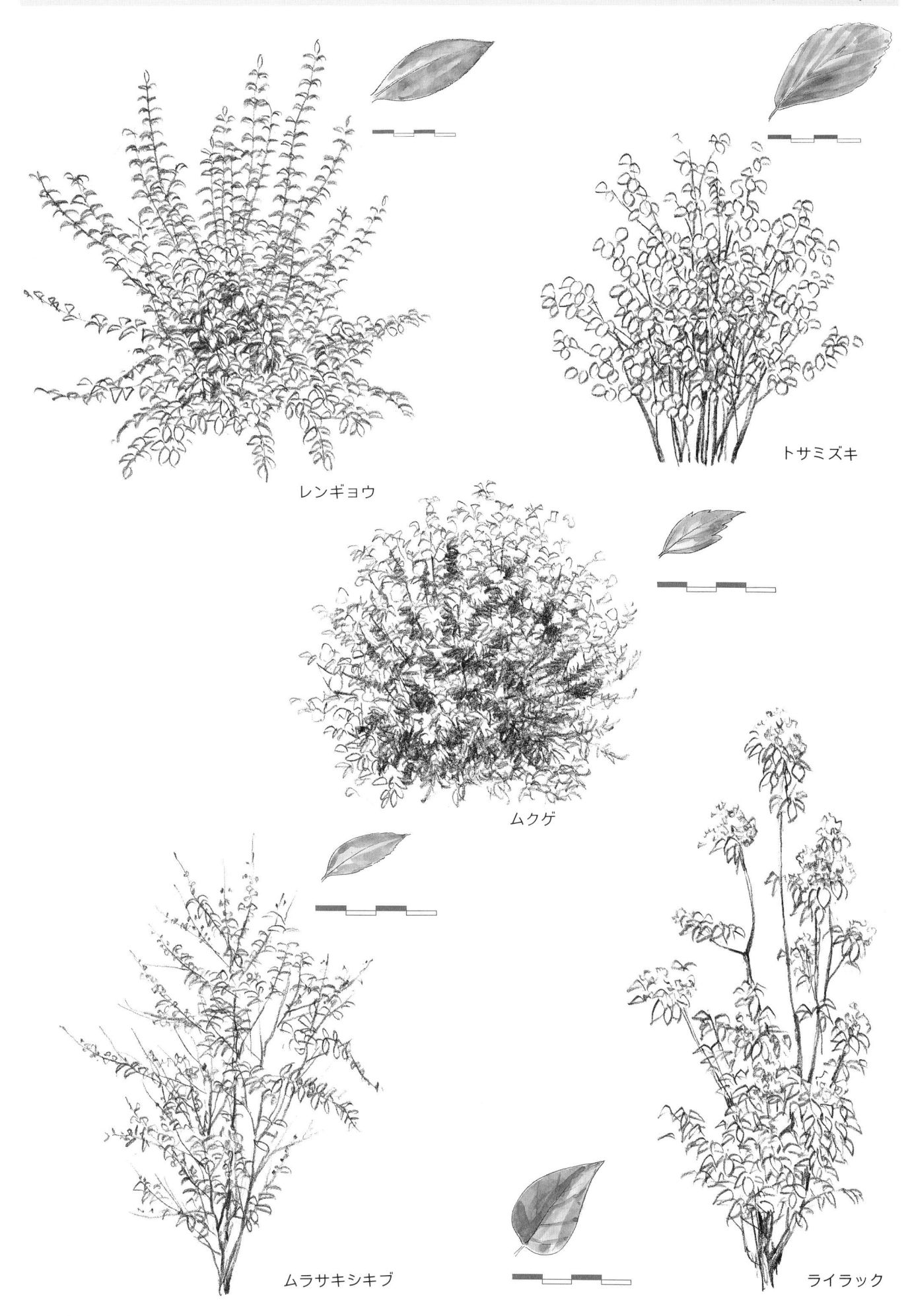

落葉広葉樹〈低木〉

レンギョウ

トサミズキ

ムクゲ

ムラサキシキブ

ライラック

落葉広葉樹〈低木〉

シナレンギョウ

ハギ

キンシバイ

シモツケ

コデマリ

落葉広葉樹〈低木〉

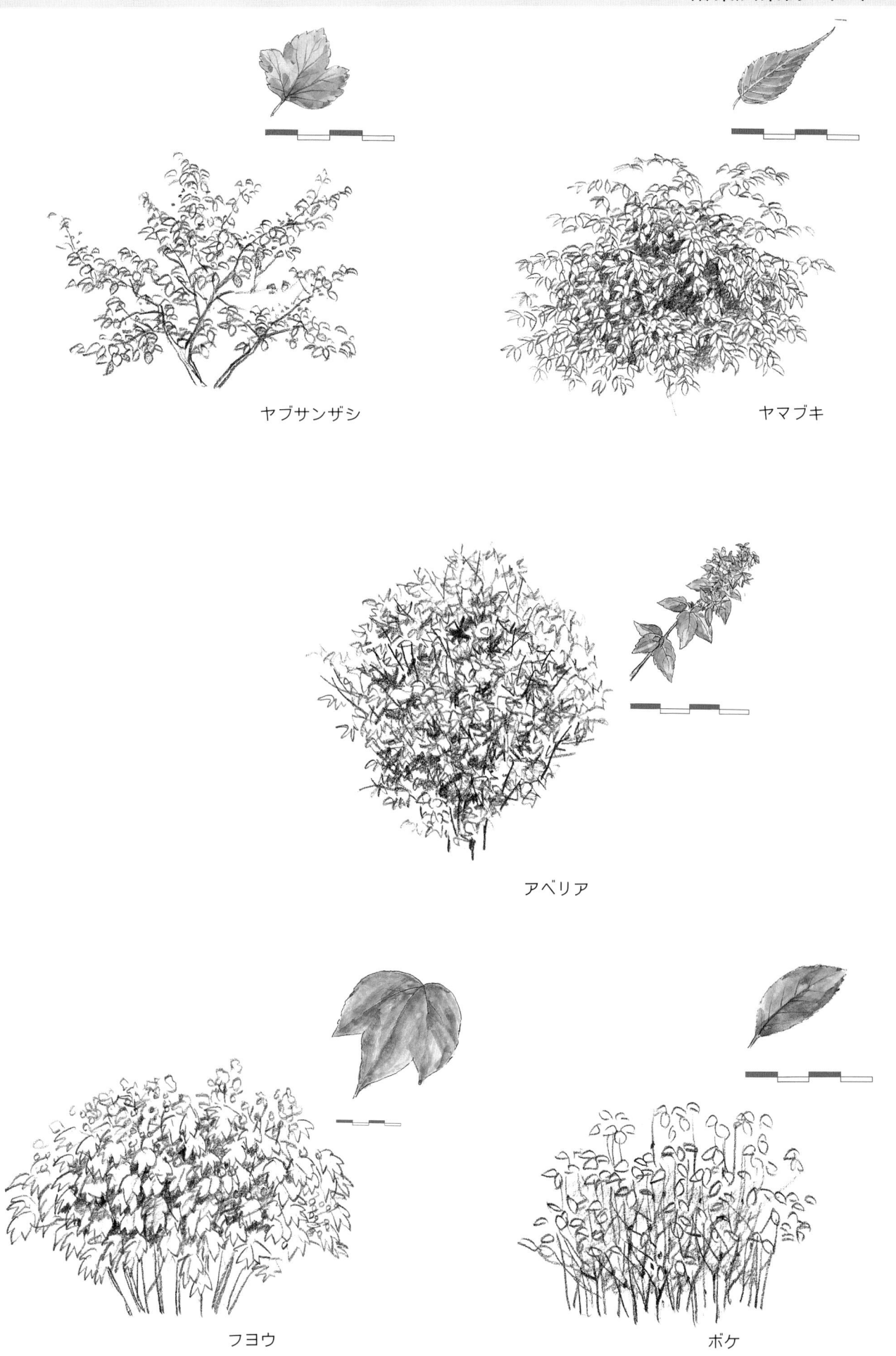

ヤブサンザシ　　　　　　　　　　　　　ヤマブキ

アベリア

フヨウ　　　　　　　　　　　　　　　　ボケ

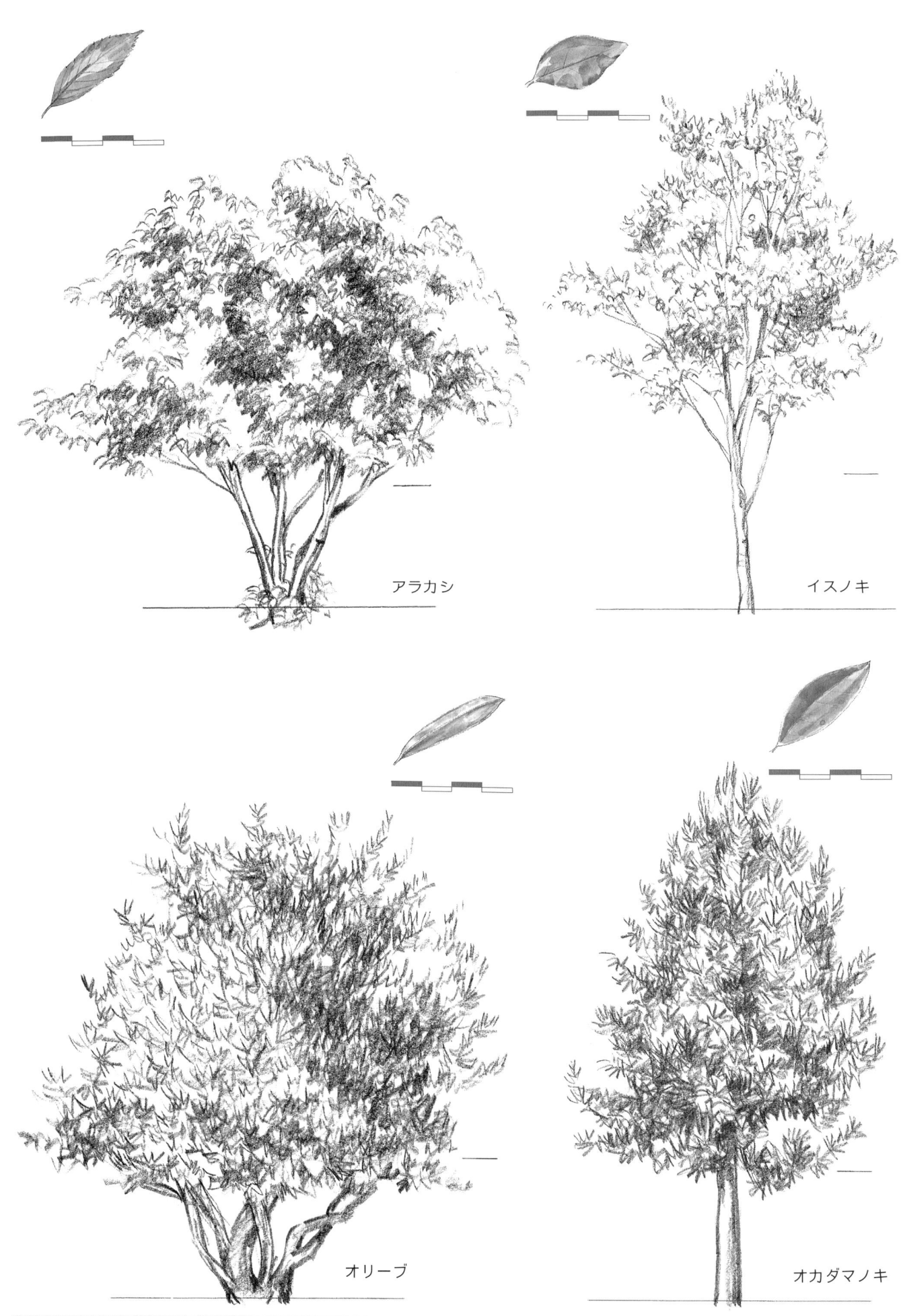

常緑広葉樹〈高木〉

アラカシ

イスノキ

オリーブ

オカダマノキ

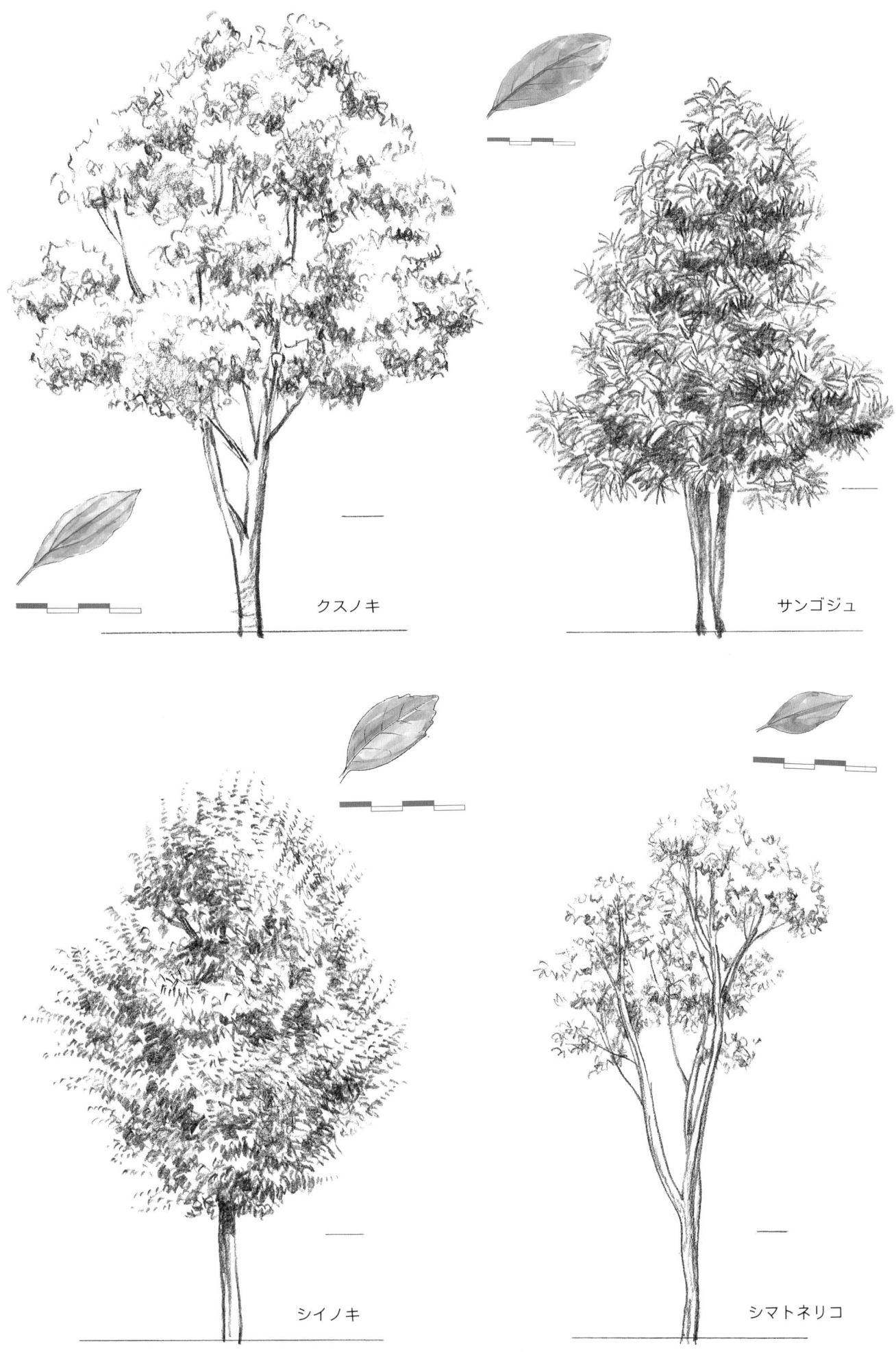

常緑広葉樹〈高木〉

クスノキ

サンゴジュ

シイノキ

シマトネリコ

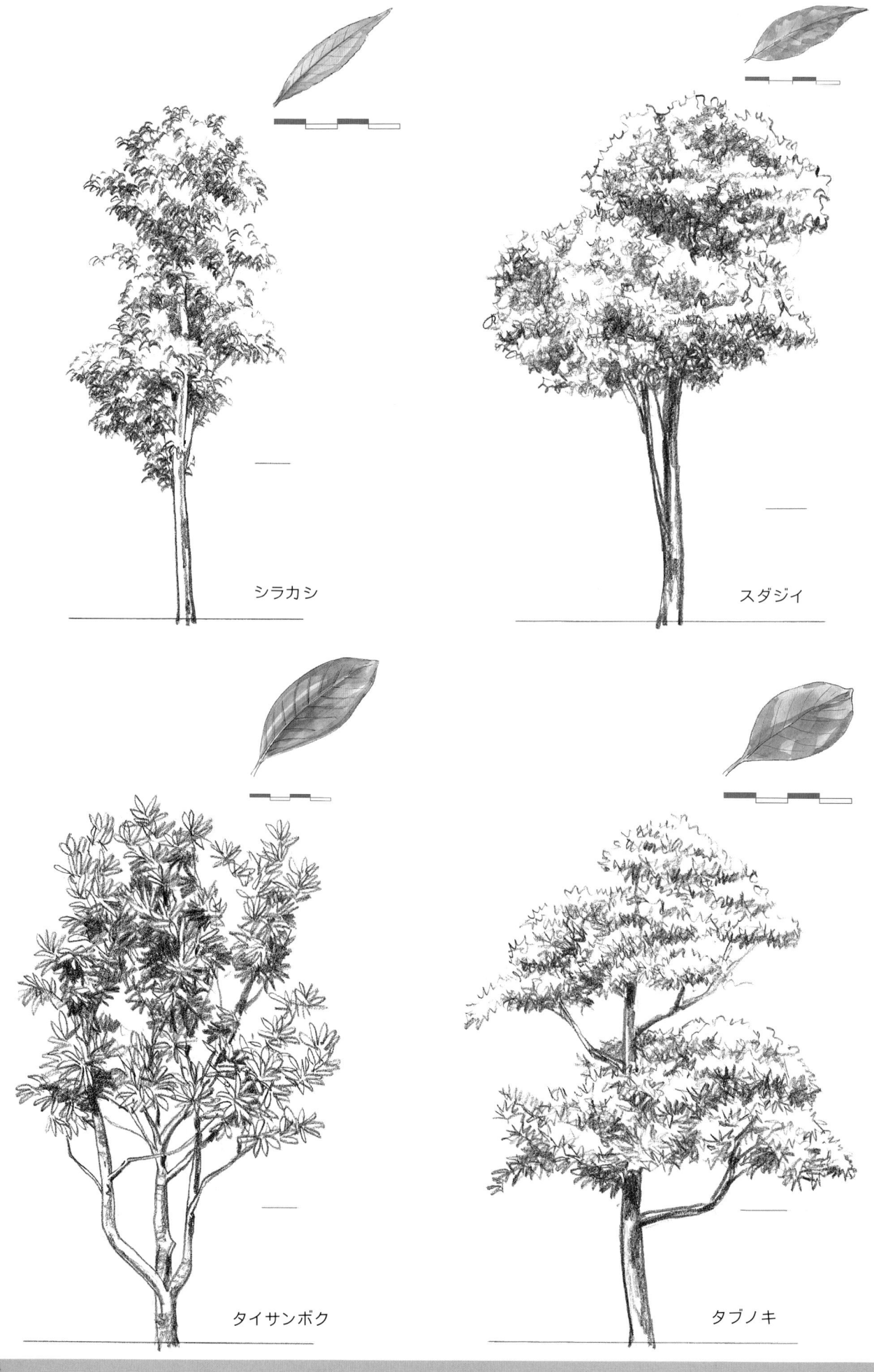

常緑広葉樹〈高木〉

シラカシ

スダジイ

タイサンボク

タブノキ

常緑広葉樹〈高木〉

フサアカシア

クロガネモチ

マテバシイ

モチノキ

常緑広葉樹〈高木〉

ヤブニッケイ

ヤマモモ

ホルトノキ

ユーカリ

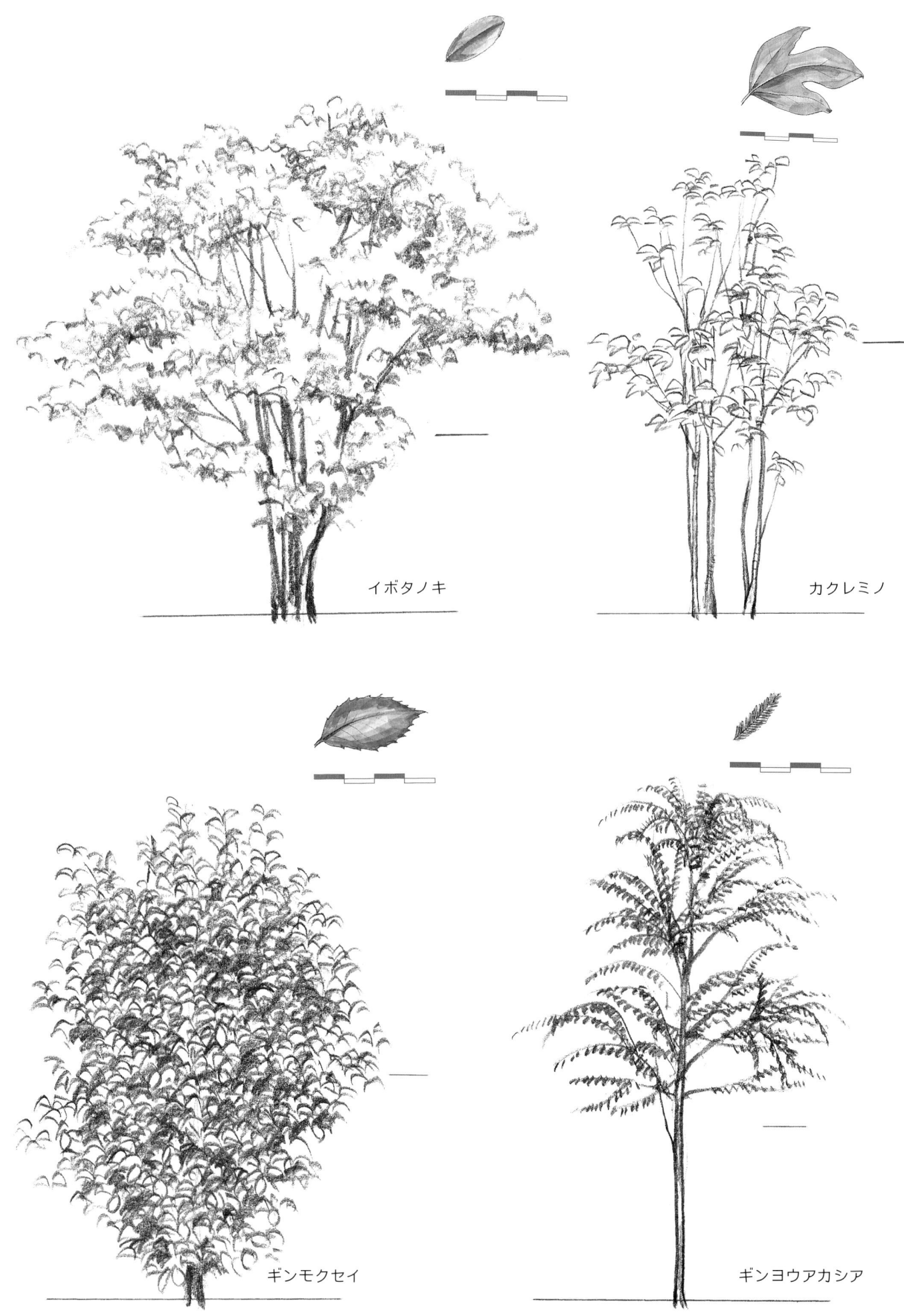

常緑広葉樹〈中木〉

イボタノキ

カクレミノ

ギンモクセイ

ギンヨウアカシア

常緑広葉樹〈中木〉

クリ

トウネズミモチ

ゲッケイジュ

サザンカ

常緑広葉樹〈中木〉

シキミ

シダレウメ

ツバキ

ネズミモチ

常緑広葉樹〈中木〉

ハマヒサカキ

ヒサカキ

ビワ

フクロモチ

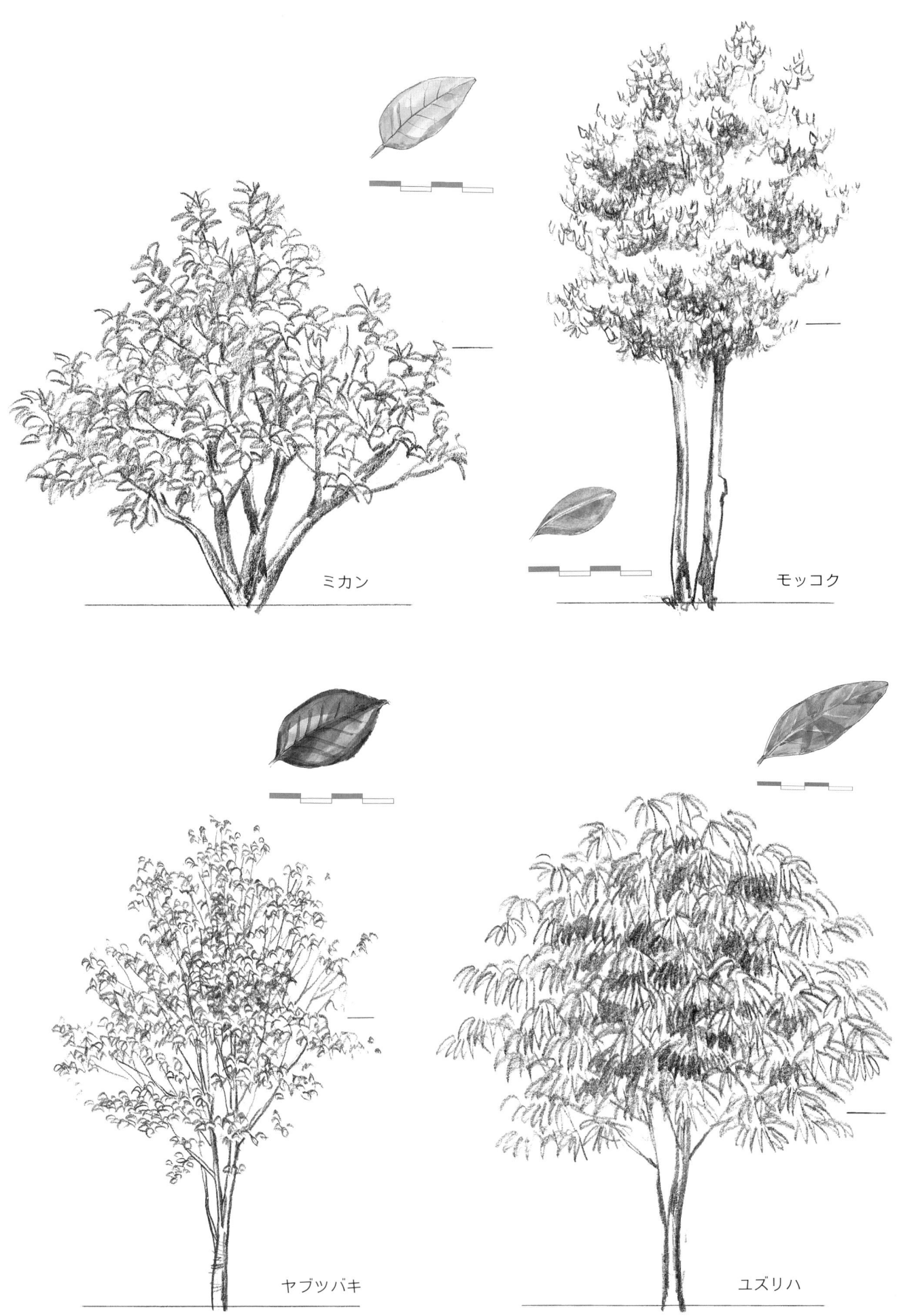

常緑広葉樹〈中木〉

ミカン

モッコク

ヤブツバキ

ユズリハ

常緑広葉樹〈低木〉

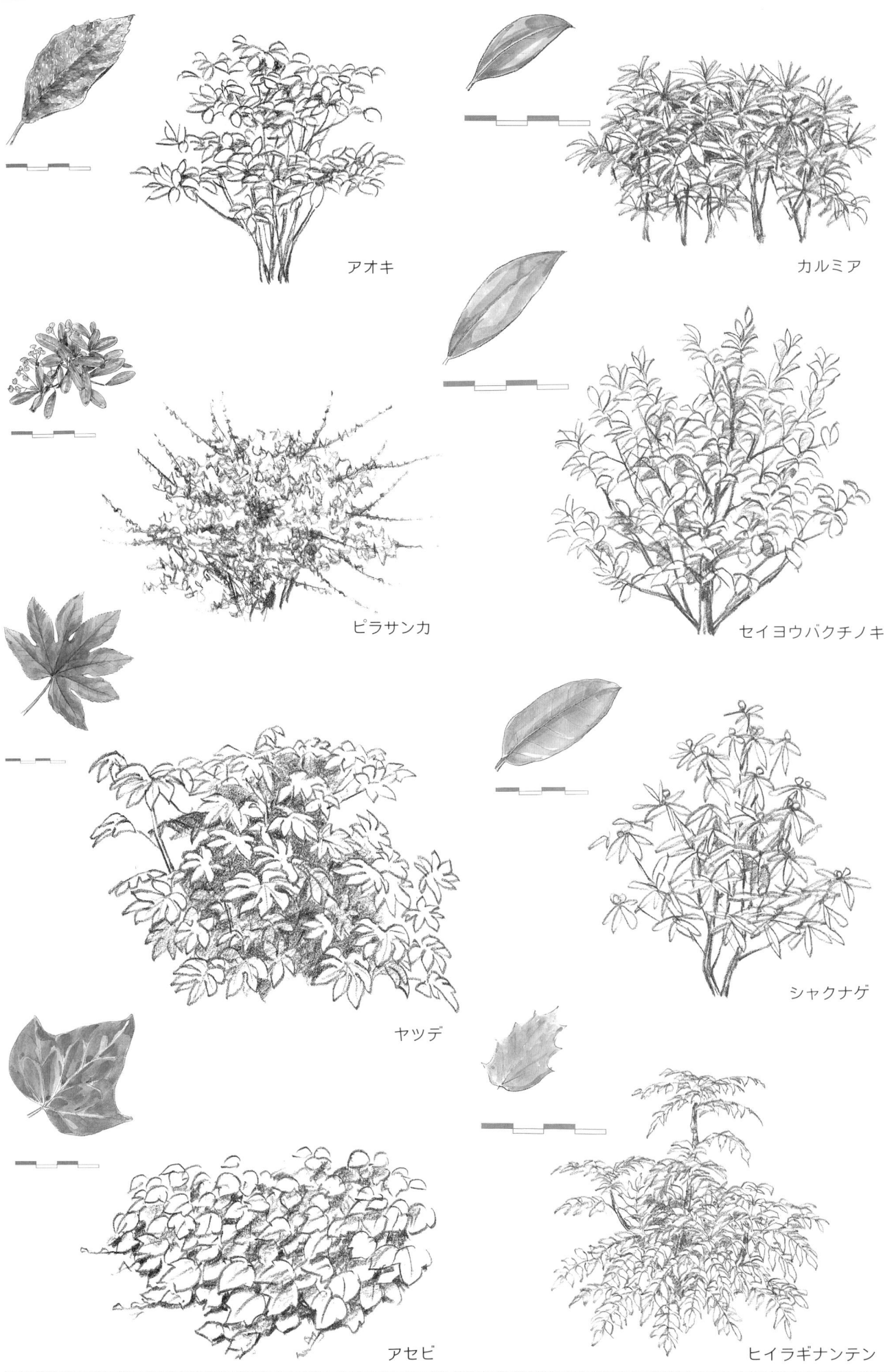

アオキ

カルミア

ピラサンカ

セイヨウバクチノキ

ヤツデ

シャクナゲ

アセビ

ヒイラギナンテン

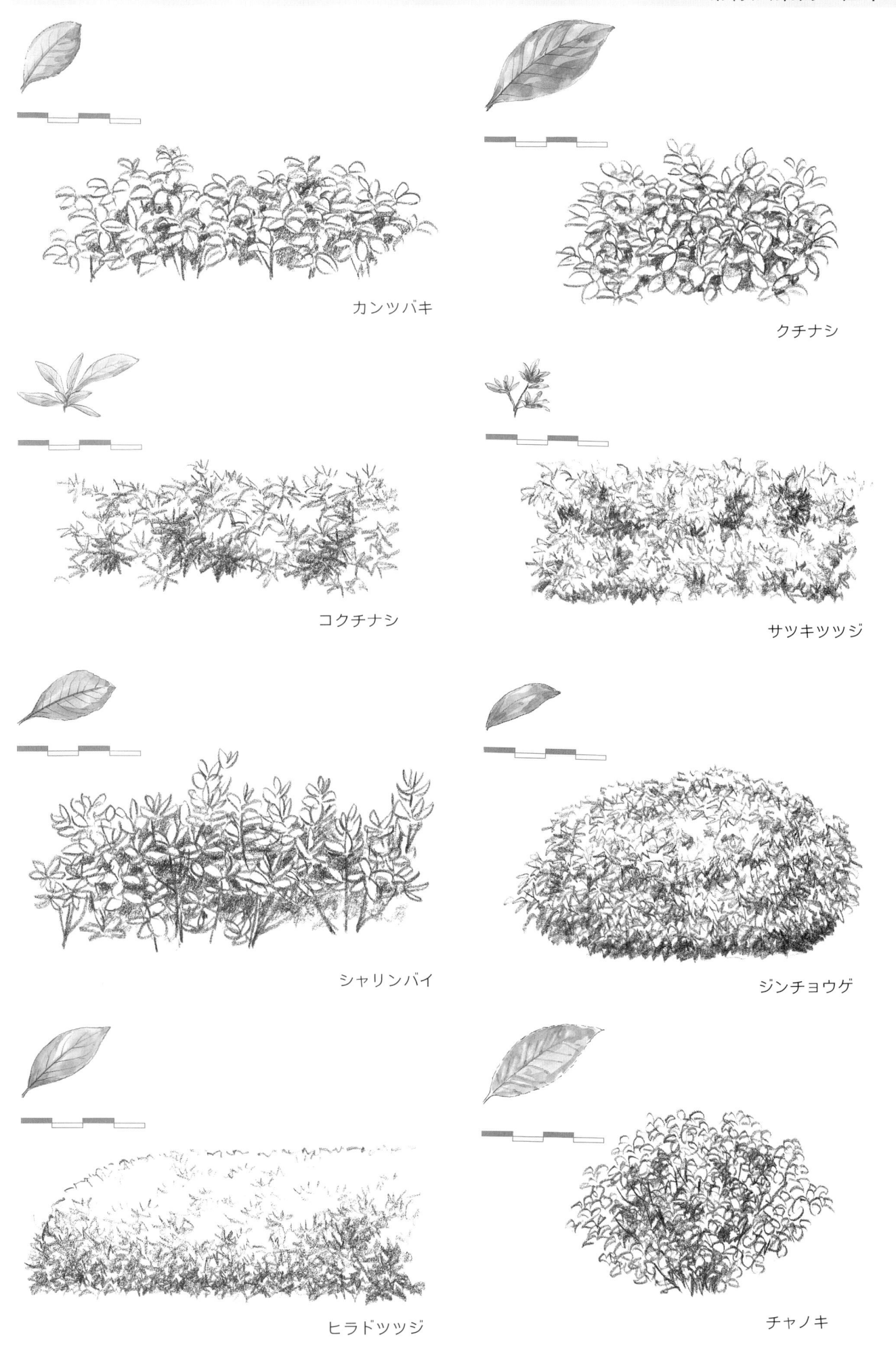

常緑広葉樹〈低木〉

カンツバキ

クチナシ

コクチナシ

サツキツツジ

シャリンバイ

ジンチョウゲ

ヒラドツツジ

チャノキ

常緑広葉樹〈低木〉

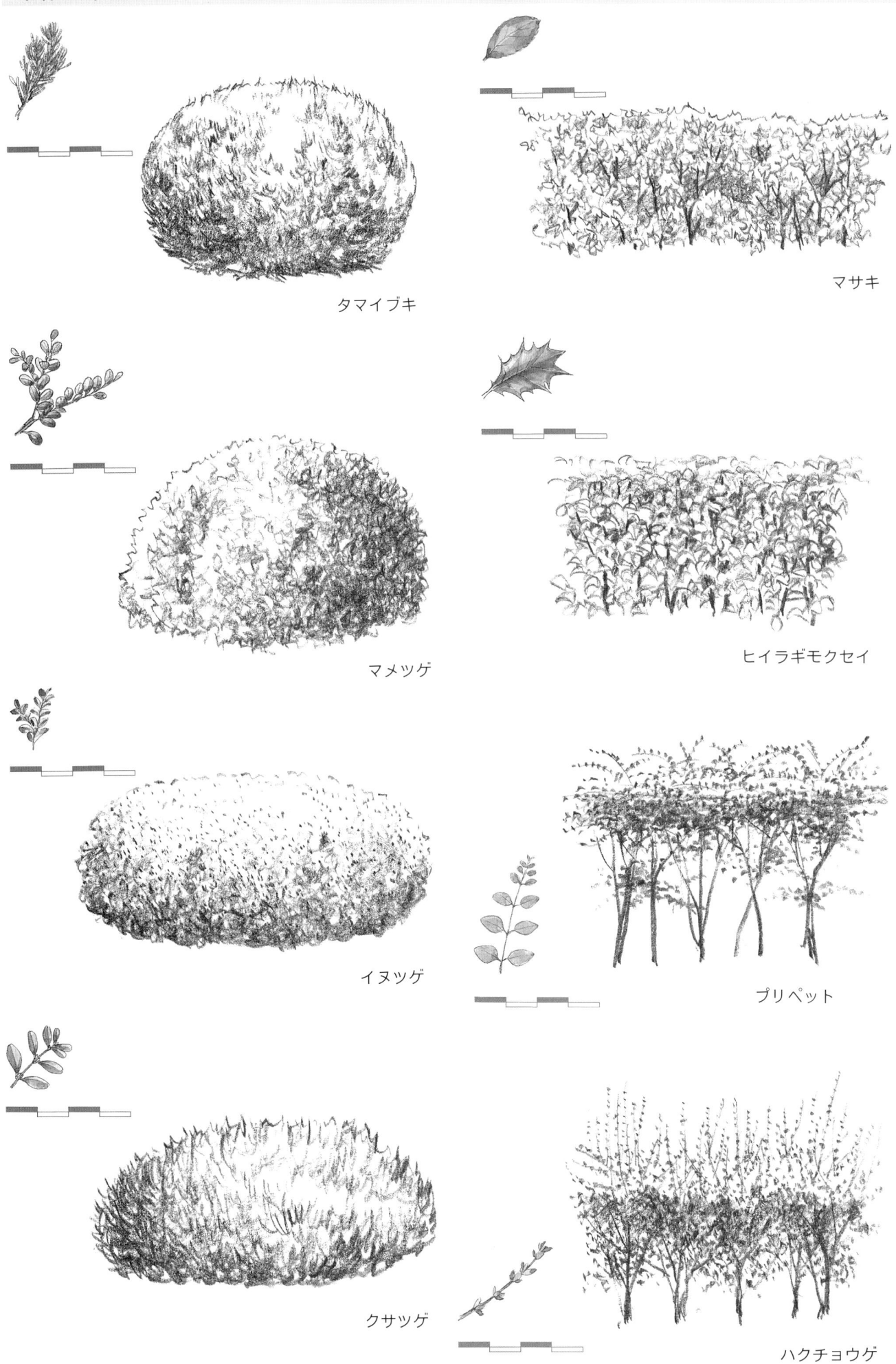

タマイブキ

マサキ

マメツゲ

ヒイラギモクセイ

イヌツゲ

プリペット

クサツゲ

ハクチョウゲ

特に高い木

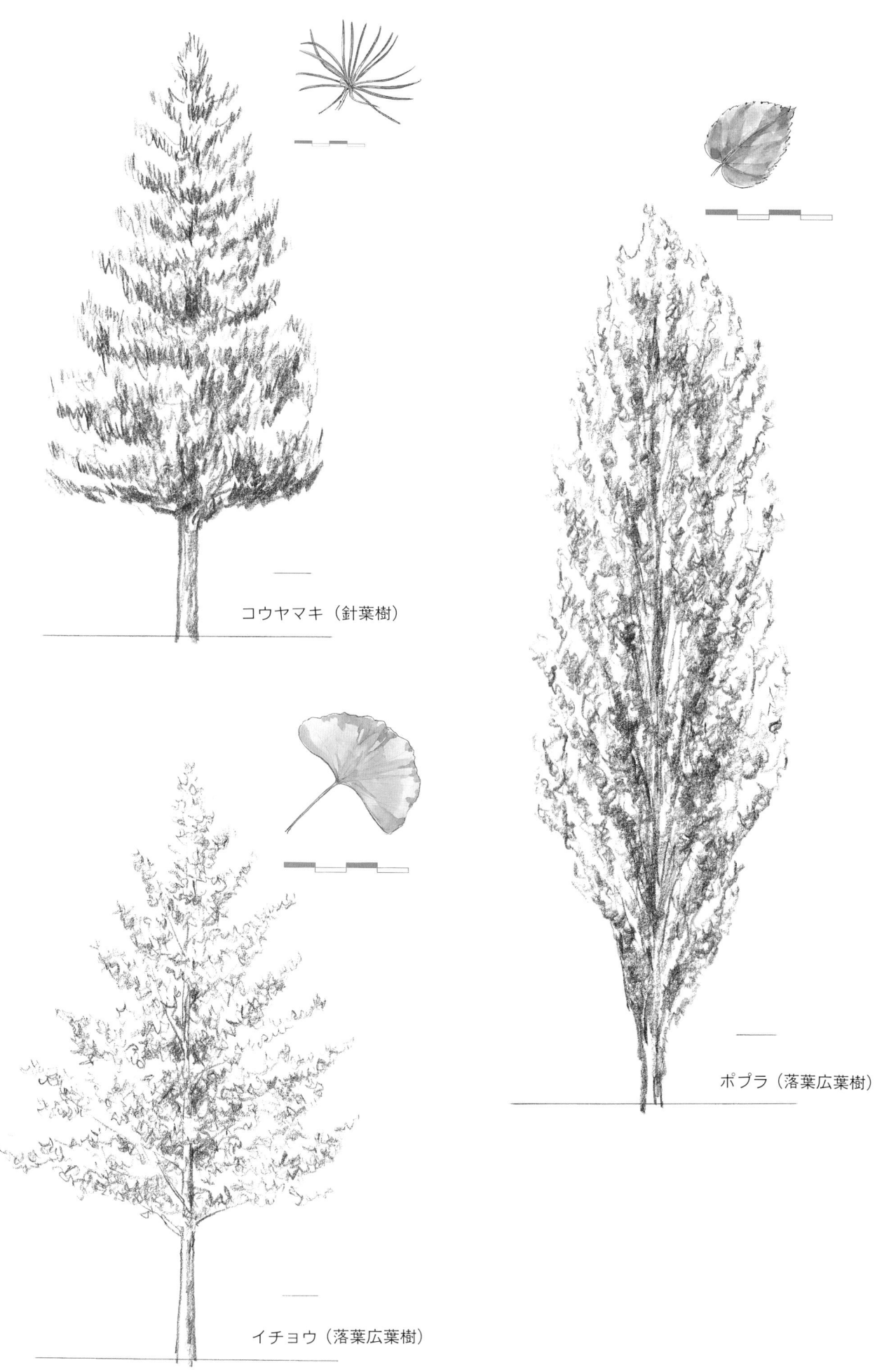

コウヤマキ（針葉樹）

イチョウ（落葉広葉樹）

ポプラ（落葉広葉樹）

針葉樹〈高木〉

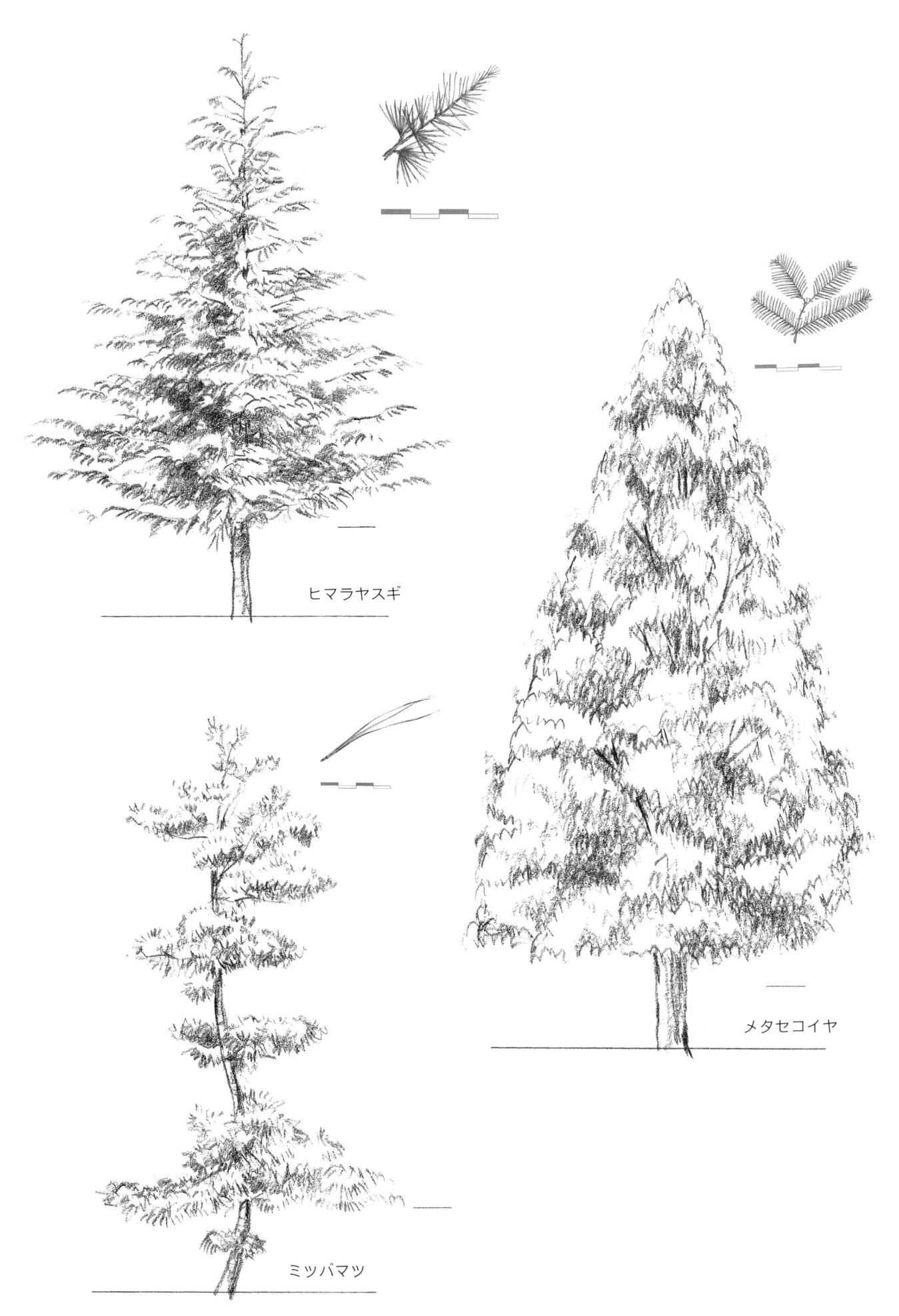

ヒマラヤスギ

メタセコイヤ

ミツバマツ

針葉樹〈高木〉

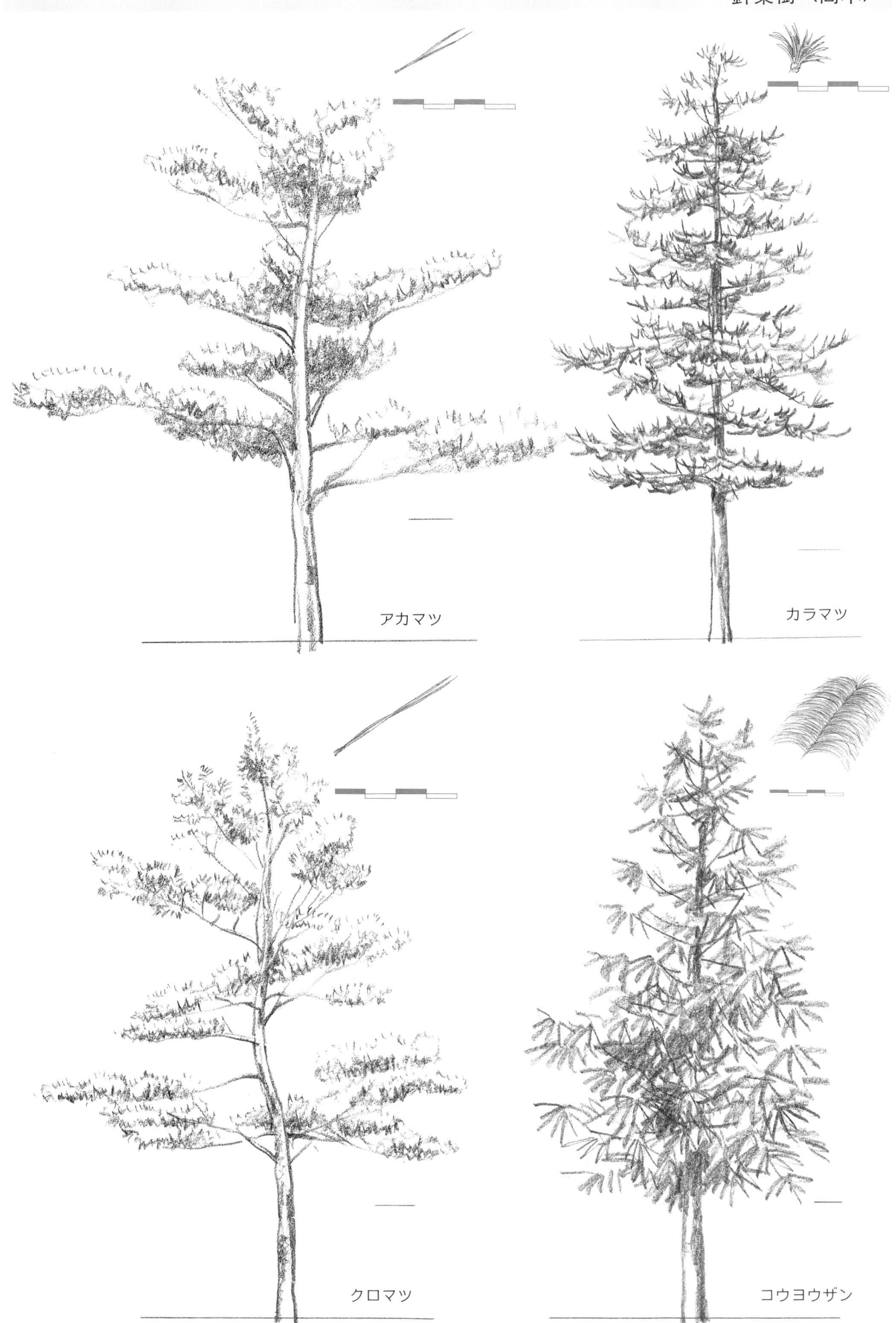

アカマツ

カラマツ

クロマツ

コウヨウザン

針葉樹〈高木〉

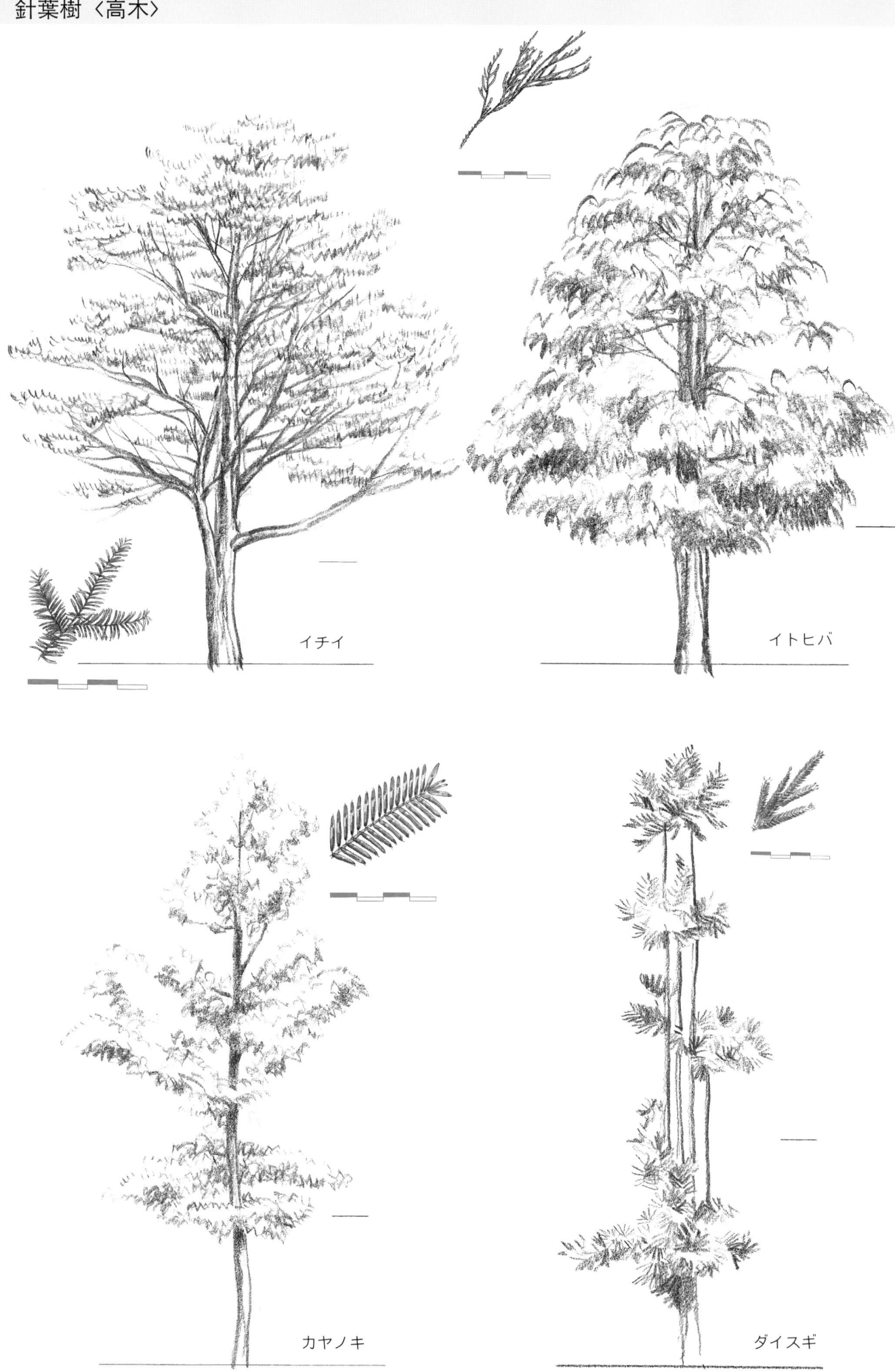

イチイ

イトヒバ

カヤノキ

ダイスギ

針葉樹〈高木〉

モミ

ヒムロ

ラクウショウ

レイランドヒノキ

針葉樹〈高木〉

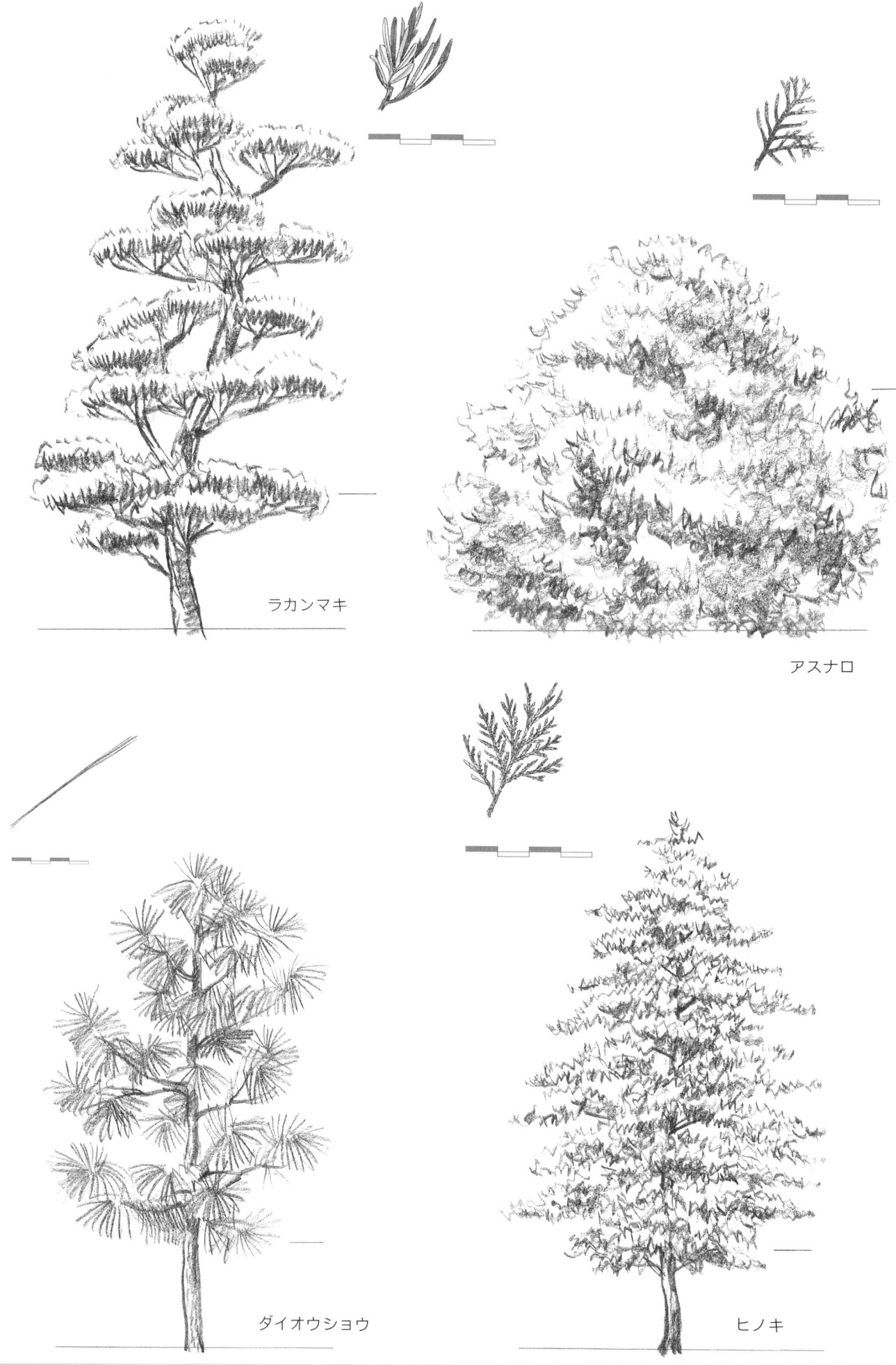

ラカンマキ

アスナロ

ダイオウショウ

ヒノキ

針葉樹〈中木〉

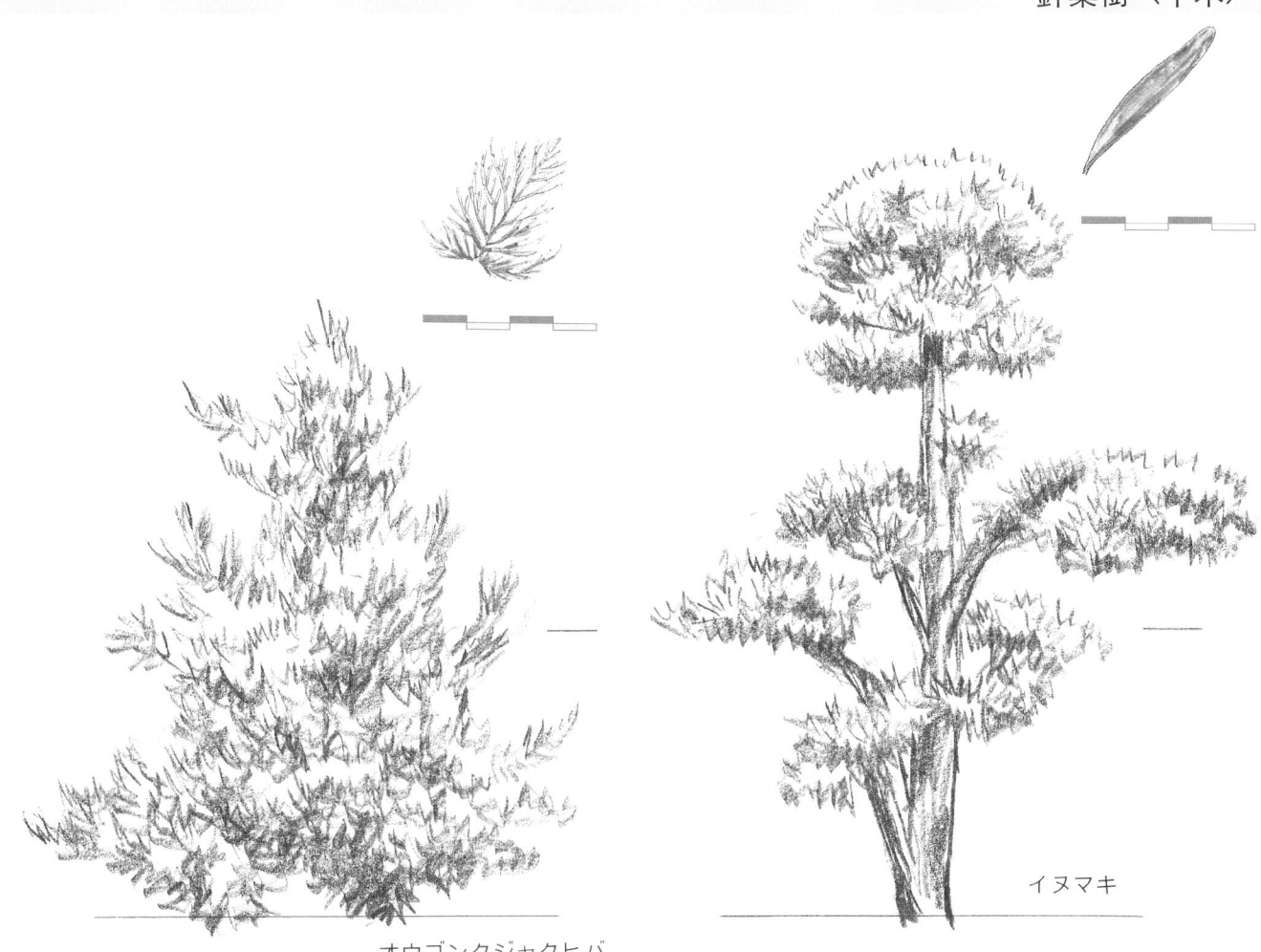

オウゴンクジャクヒバ

イヌマキ

ゴヨウマツ

ゴールドクレスト

針葉樹〈中木〉

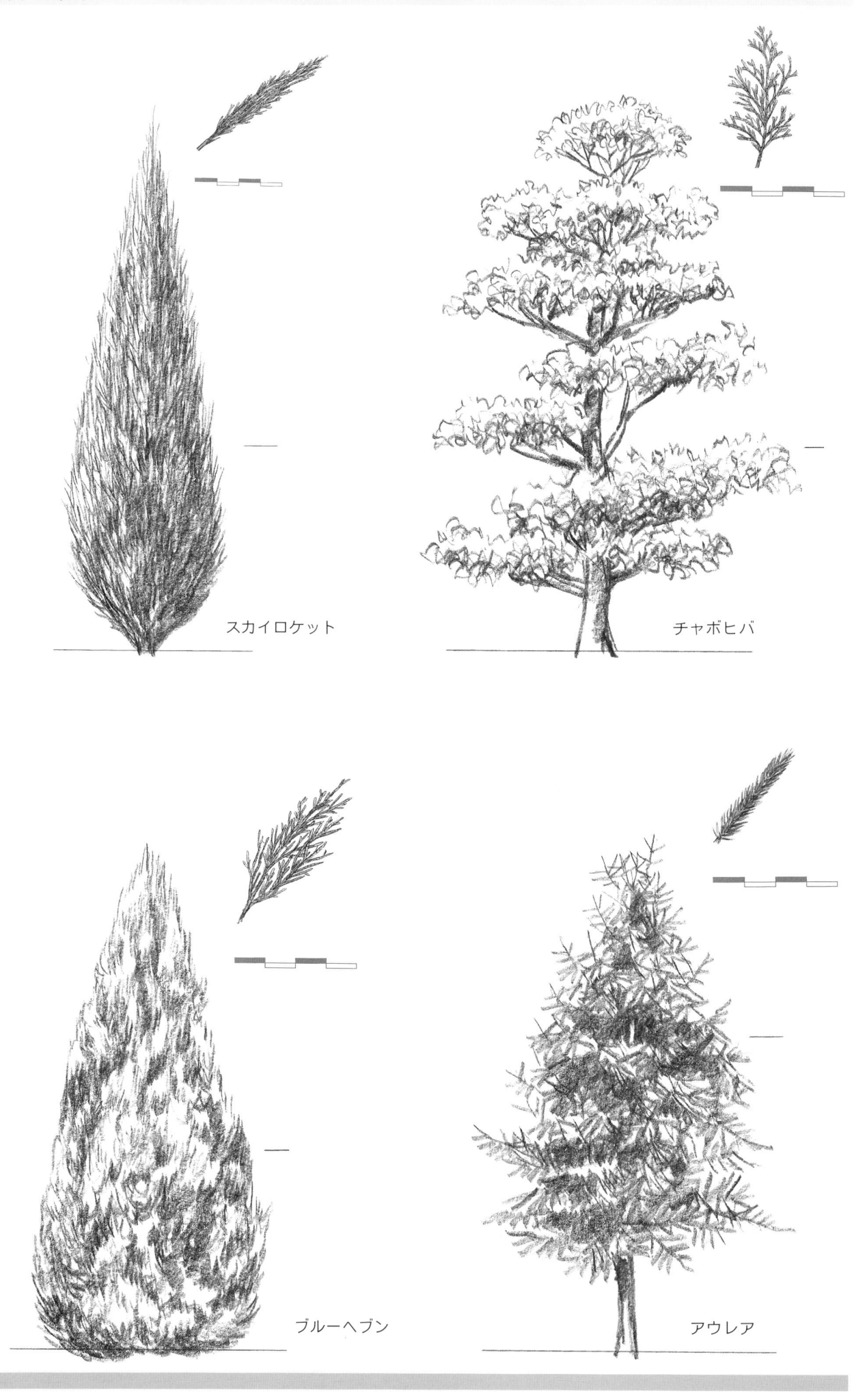

スカイロケット

チャボヒバ

ブルーヘブン

アウレア

針葉樹〈中木〉

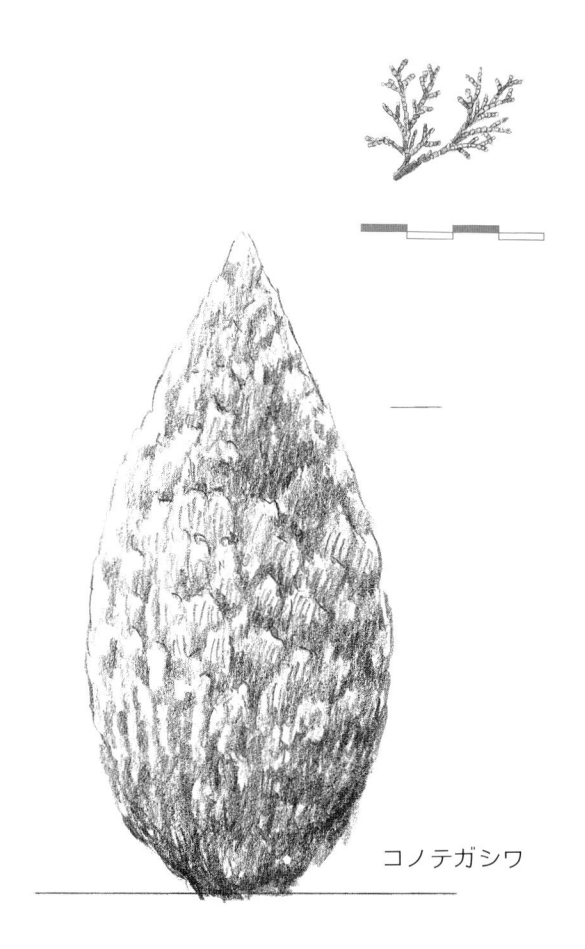

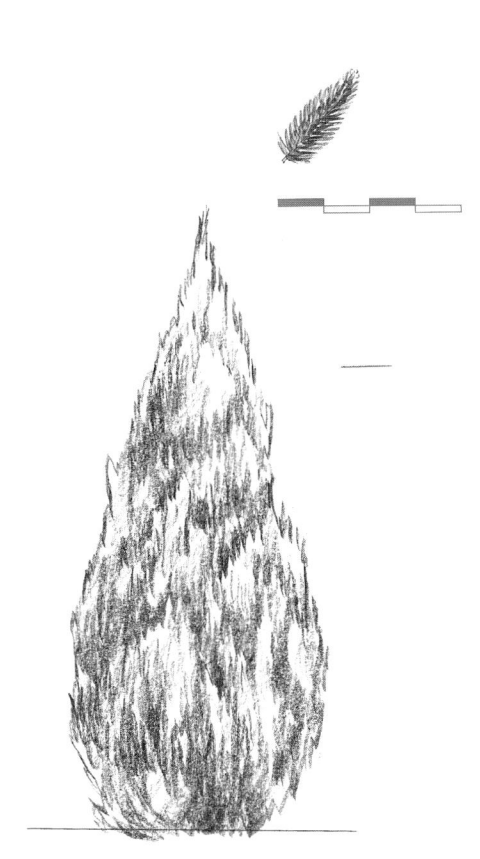

コノテガシワ

ボールバード

ブルースター

ヨーロッパゴールド

針葉樹〈低木〉／特　殊

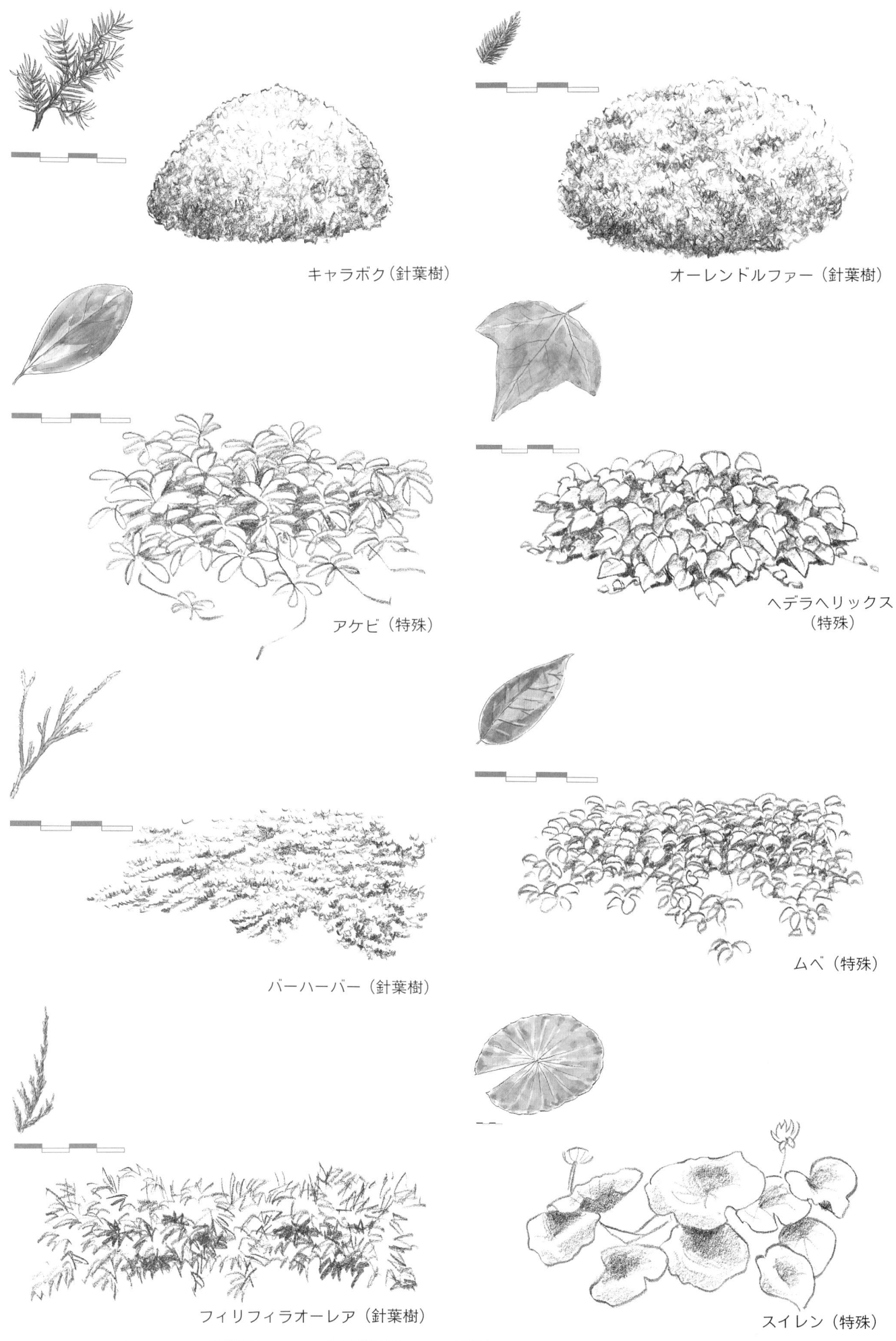

キャラボク（針葉樹）

オーレンドルファー（針葉樹）

アケビ（特殊）

ヘデラヘリックス（特殊）

バーハーバー（針葉樹）

ムベ（特殊）

フィリフィラオーレア（針葉樹）

スイレン（特殊）

特　殊

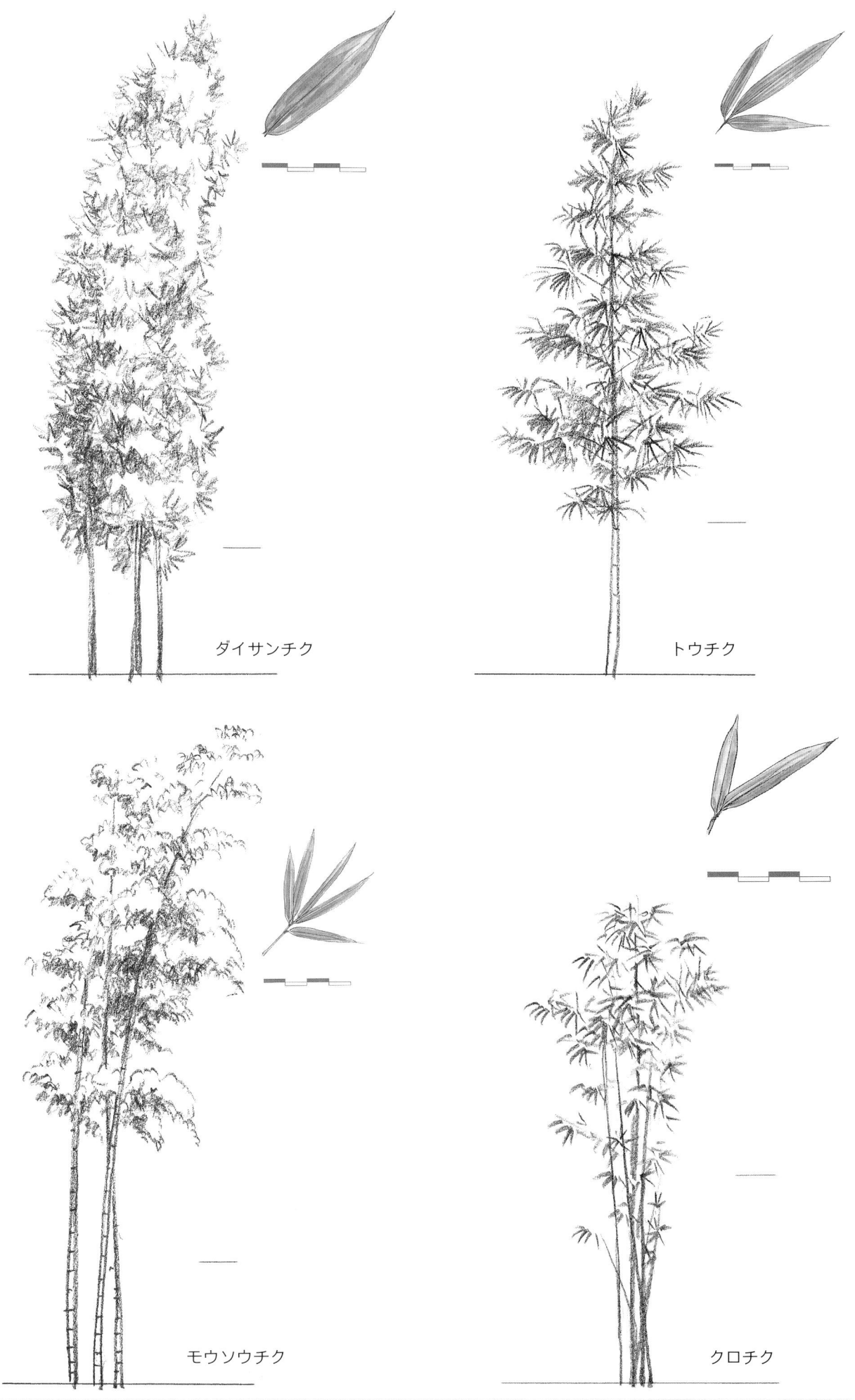

ダイサンチク

トウチク

モウソウチク

クロチク

特　殊

キッコウチク

キンメイモウソウ

ナリヒラダケ

ネザサ

特 殊

ハチク

マダケ

ヤダケ

シュロチク

特 殊

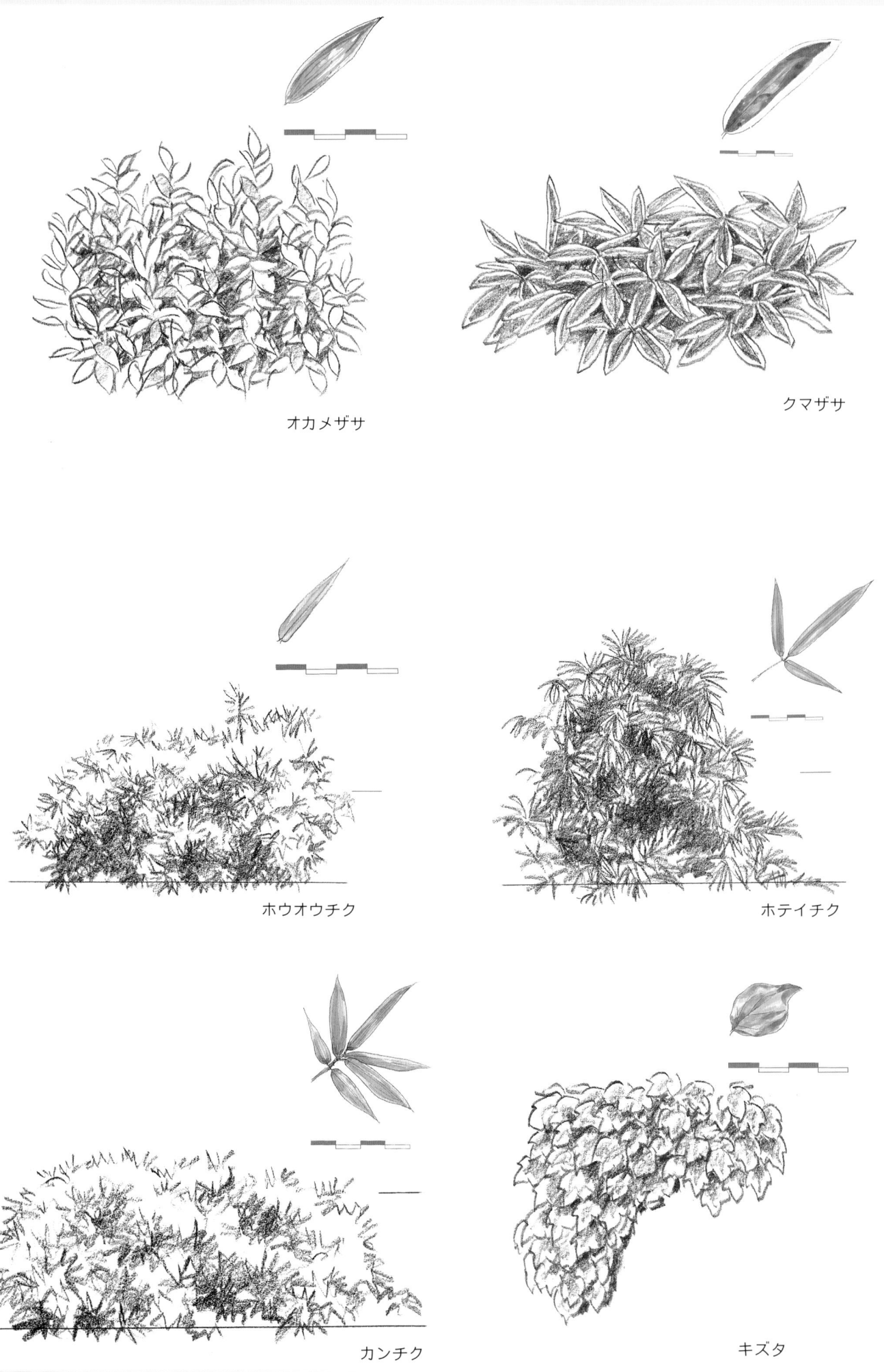

オカメザサ

クマザサ

ホウオウチク

ホテイチク

カンチク

キズタ

特　殊

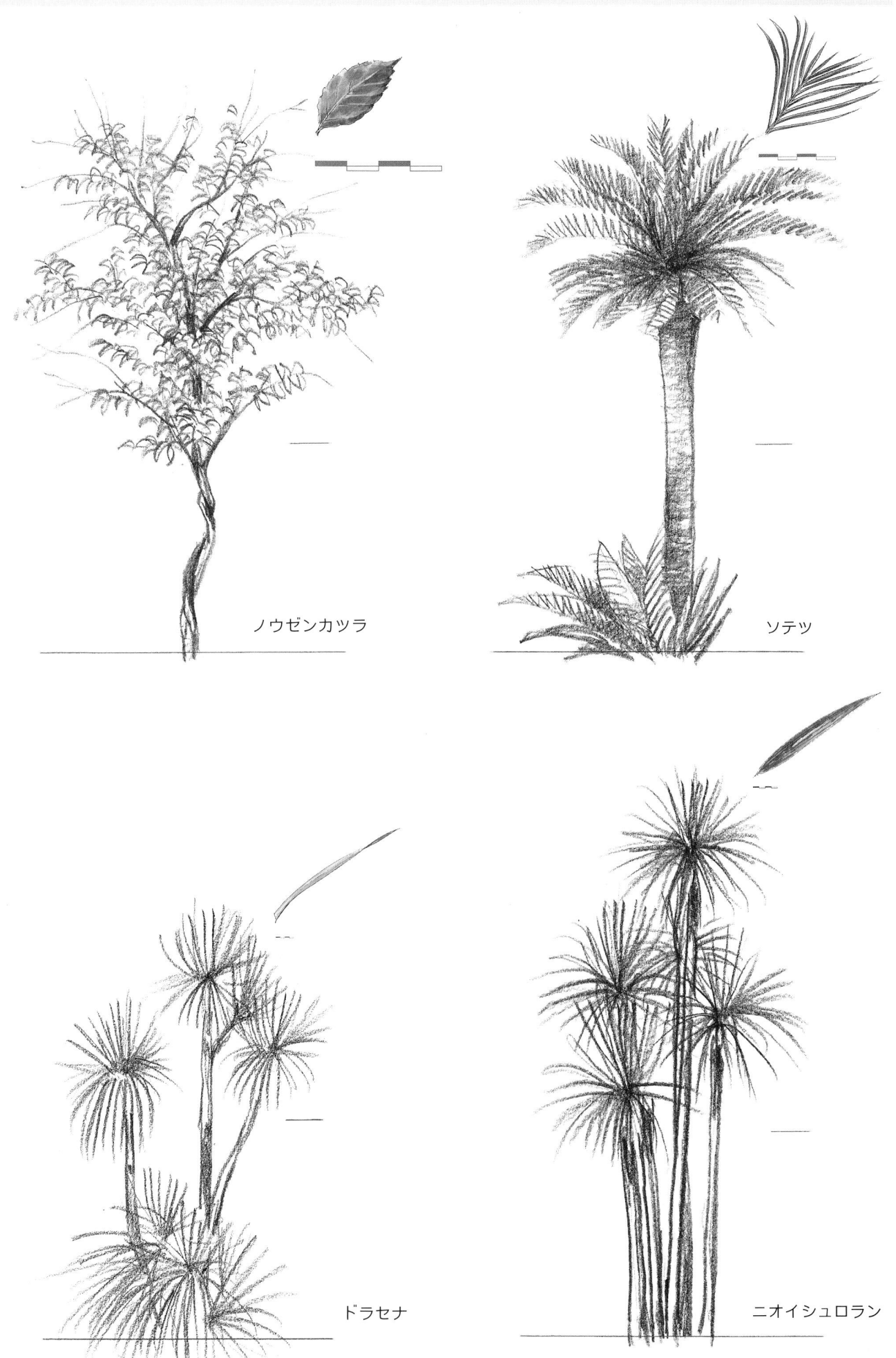

ノウゼンカツラ

ソテツ

ドラセナ

ニオイシュロラン

特 殊

カナリーヤシ

トウジュロ

フジ

陰と影

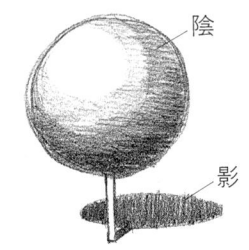

陰と影

通常,カゲと呼ばれているものには2種類あり,光に照らされてその物自体に生じる明暗が陰,光が物体にさえぎられて床や壁に落ちてくるのが影と呼ばれています.

陰はその物体の立体感を表現する上で大切ですし,影はその存在感を表現するのに欠かせません.

特に陰は明度の段階があるところから,グラデーションとも呼んでいます.(p.17参照)

陰の付け方①

全体の樹形が球体に近いものは,光のあたる部分が点的に明るくなります.

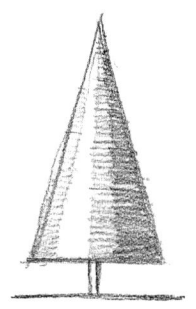

円すい型に近いものは,直線的な面として陰が帯状に入ってきます.

半円型のものは,球体と円すい型の中間の性格を持ちます.

葉の付き方＆影の落ち方

見上げた場合は,葉は幹を中心に放射状についているため,俯瞰したものとは違って見えます.

葉の中程あたりから見た場合は,上部は見上げる形に,下部は見おろす形になります.

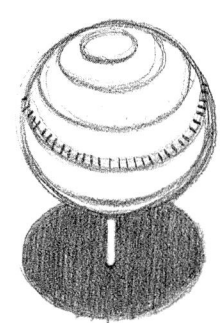

上から見おろした場合は,葉はすべて下に向かってついている感じになります.

※影は視線の位置が低いとうすくなります.目の位置があがるほど,樹形の平面形と同じ形に近づいていきます.

陰の付け方②

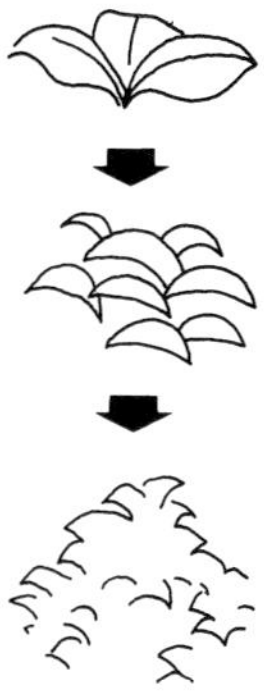

葉は上に向かってカーブを描いています.

↓

上にカーブのついた線の集合と考えて.

↓

同じ長さくらいのカーブの集合体を描くと葉らしくなります.

木のタッチで陰をつける場合,特に省略した描き方をする時以外は,葉のタッチの集合と考えてタッチをつけると表現できます.

観葉植物の描き方

観葉植物の描き方

　観葉植物とは，一般的にインテリアで育てることの可能な，比較的小さい植物や樹木を言います．

　この場合，地面に直接植えているものではないので，植木鉢のデザインも併せて，インテリアのコーディネートを考える必要があります．

　さらに，自動的に太陽光線を浴びることのできない場所で育てる場合，その植物の特性をよく把握した上で，直射日光の当たる場所に出すことも必要となってきます．

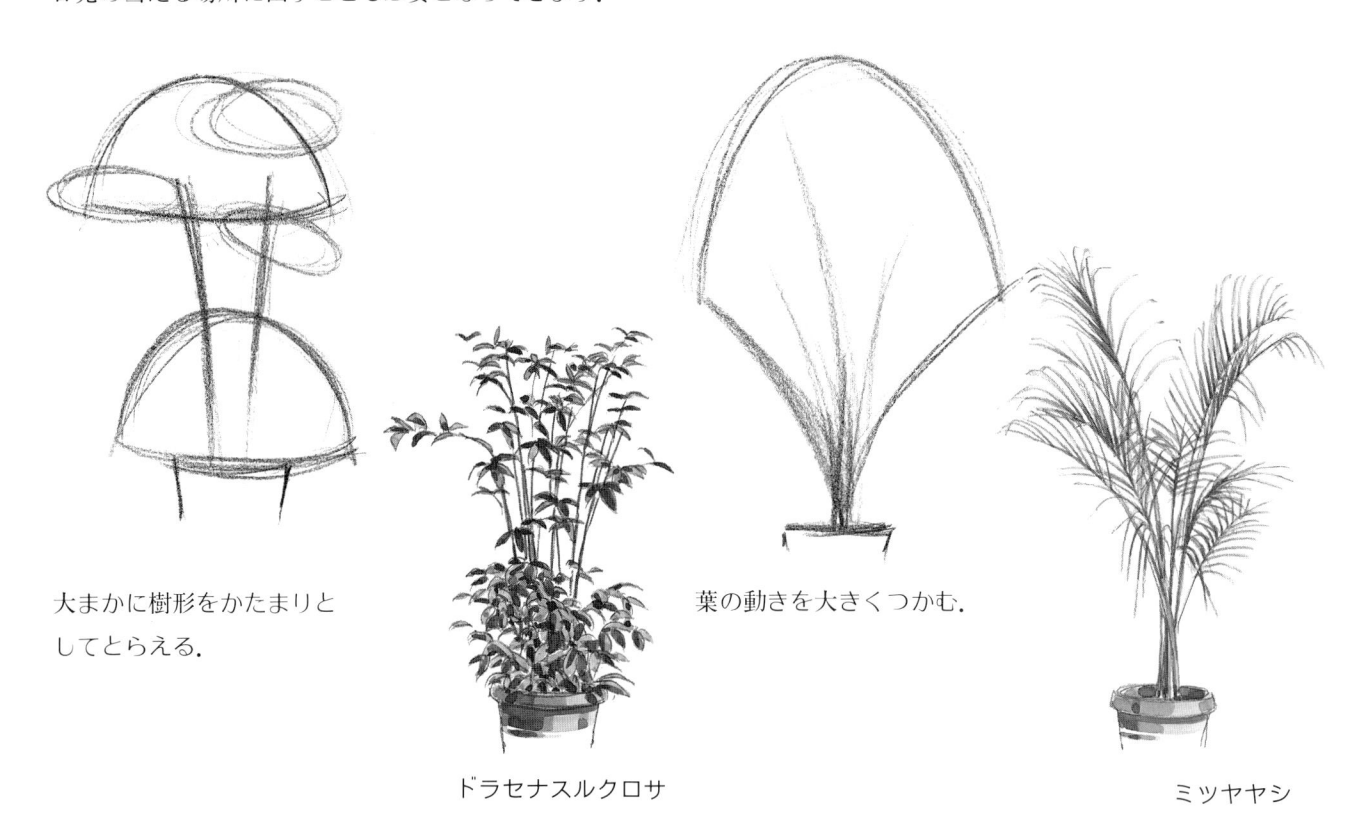

大まかに樹形をかたまりとしてとらえる．

ドラセナスルクロサ

葉の動きを大きくつかむ．

ミツヤヤシ

幹と葉の関連をつかまえる．

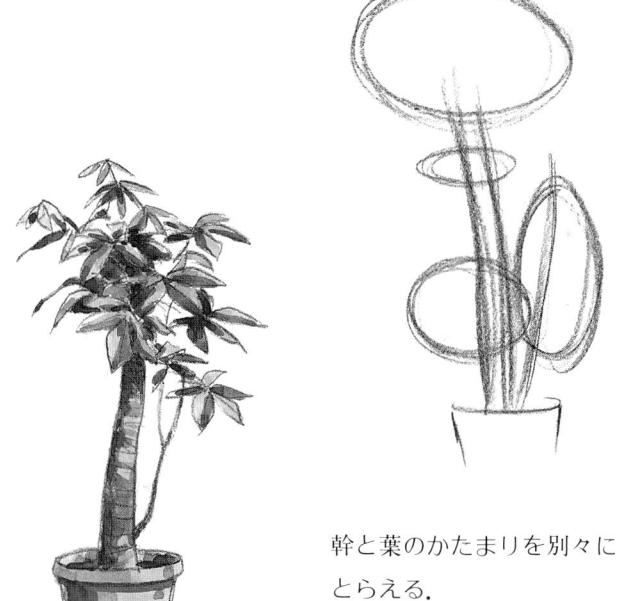

パキラ

幹と葉のかたまりを別々にとらえる．

ガジュマル

観葉植物〈大〉

ゴムノキ

ミツヤシ

ヤエヤマヤシ

シペラス

観葉植物〈大〉

シェフレラ

シュロチク

コーヒーノキ

ベンジャミナ

観葉植物〈大〉

パキラ

ヘテロフィラ

ベンジャミンゴム

アカリファ

観葉植物〈大〉

ガジュマル

カンノンチク

シェフレラ

マンザニータ

観葉植物〈大〉

ディジゴテカ

ドラセナスルクロサ

クロトン

クロトン

観葉植物〈大〉

ツピダンサス

ストレリチア

サンセベリア

ブーゲンビリア

観葉植物〈大〉

ディフェンバキア

コルディリネ

サンセベリア

エスキナンサス

観葉植物〈中〉

アカリファ

アローカシア

アフェランドラ

トックリラン

観葉植物〈中〉

ドラセナサンデリアナ

テーブルヤシ

ドラセナデレメンシス

アジアンタム

観葉植物〈中〉

アロエ

エクメア

クテナンテ

モンステラ

ユッカ

観葉植物〈中〉

カゲツ

アンスリウム

クロトン

アスパラガス

ネオレゲリア

ネフロレピス

観葉植物〈中〉

アスプレニウム

フリーセア

ベゴニア

スパティフィルム

アジアンタム

シペラス

観葉植物〈小〉

ピレア

クリプタンサス

オリヅルラン

ポトス

ペペロミア

フィカスプミラ

観葉植物〈小〉

シンゴニウム

シッサス

ドラセナフラグランス

セネキオ

アイビー

カラディウム

パース作品例

緑にかこまれた洋風の庭

田園都市の噴水モニュメント

休日の児童公園

戸建住宅のアプローチ計画

季節の草木に縁どられた散歩道

パース作品例

朝日のあふれる食卓

日ざしの中のガーデニングセット

季節の緑に彩られたパティオ

鉢植えによる玄関アプローチ

緑を楽しむテラス

ハーブ園に抱かれた洋風邸宅

こもれ陽のふりそそぐ玄関

下描きシート／観葉植物白図

■下描きシート

HL=1.5　VP

GL

HL=6.0　VP

GL

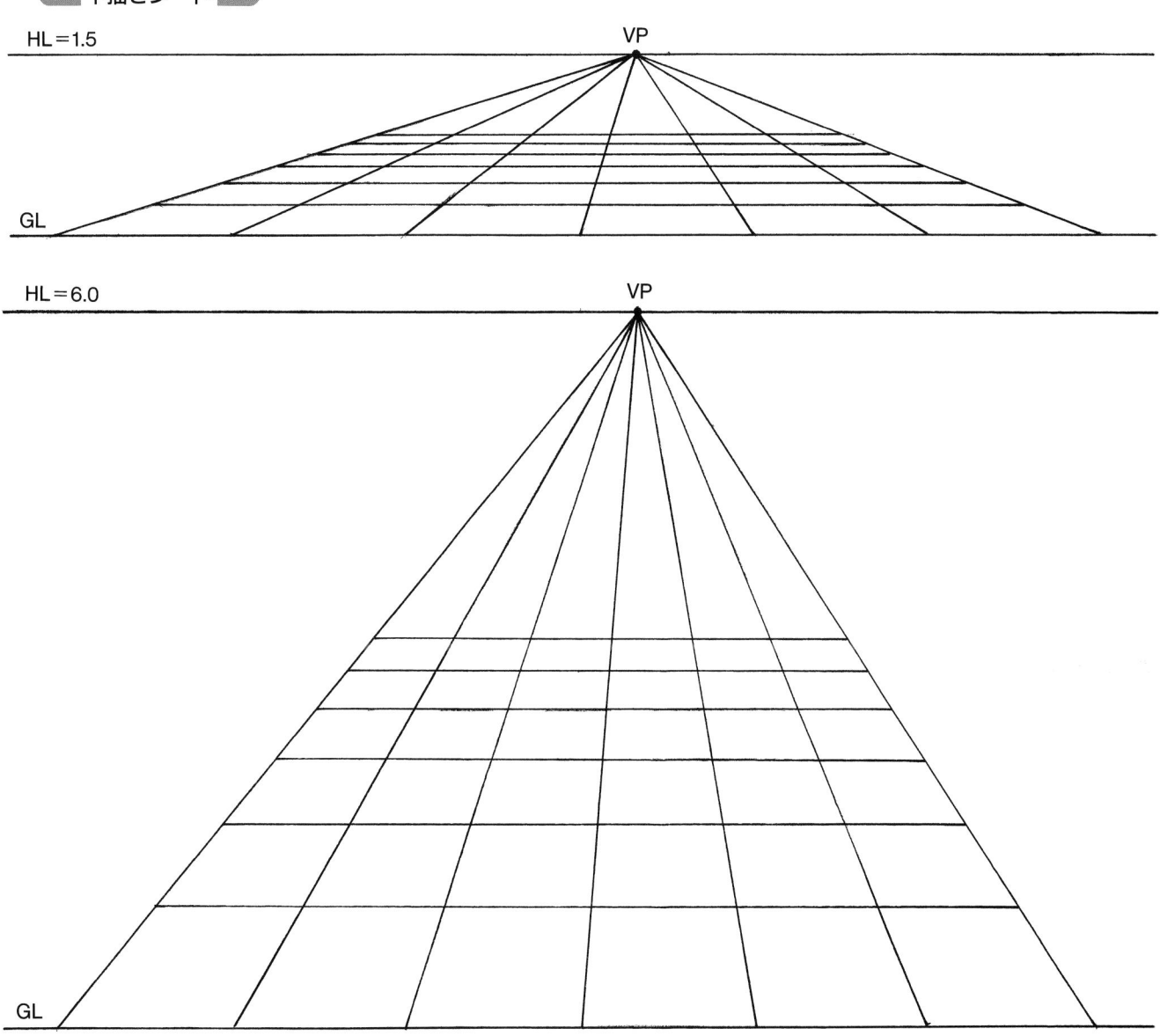

■観葉植物白図

観葉植物の白図を示してみましたので，コピーして，着彩に挑戦してみてください．

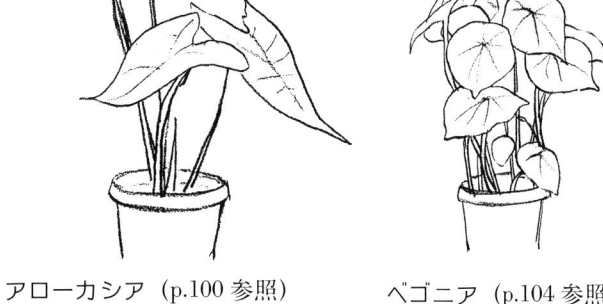

ゴムノキ（p.93 参照）　　アローカシア（p.100 参照）　　ベゴニア（p.104 参照） 　　ドラセナフラグランス（p.106 参照）

索 引

▶ 凡例
植物名に続く〈 〉内の略語は，以下のものを示します．

〈落広/高〉 → 落葉広葉樹/高木
〈落広/中〉 → ————/中木
〈落広/低〉 → ————/低木
〈常広/高〉 → 常緑広葉樹/高木
〈常広/中〉 → ————/中木
〈常広/低〉 → ————/低木
〈針/高〉 → 針葉樹/高木
〈針/中〉 → ————/中木
〈針/低〉 → ————/低木
〈特〉 → 特殊
〈観/大〉 → 観葉植物/大
〈観/中〉 → ————/中
〈観/小〉 → ————/小

▶ ア　アイビー 〈観/小〉　106
　　　アウレア 〈針/中〉　82
　　　アオキ 〈常広/低〉　34,72
　　　アオギリ 〈落広/高〉　39
　　　アカシデ 〈落広/中〉　49
　　　アカマツ 〈針/高〉　77
　　　アカリファ 〈観/大〉　35,95
　　　アカリファ 〈観/中〉　100
　　　アキニレ 〈落広/高〉　39
　　　アケビ 〈特〉　84
　　　アジアンタム 〈観/中〉　35,101,104
　　　アスナロ 〈針/高〉　80
　　　アスパラガス 〈観/中〉　103
　　　アスプレニウム 〈観/中〉　104
　　　アセビ 〈常広/低〉　34,72
　　　アフェランドラ 〈観/中〉　100
　　　アベマキ 〈落広/高〉　39
　　　アベリア 〈落広/低〉　33,61
　　　アメリカデイゴ 〈落広/高〉　40
　　　アメリカハナミズキ 〈落広/中〉　49
　　　アメリカフウ 〈落広/高〉　40
　　　アラカシ 〈常広/高〉　62
　　　アロエ 〈観/中〉　102
　　　アローカシア 〈観/中〉　100
　　　アンスリウム 〈観/中〉　103

▶ イ　イスノキ 〈常広/高〉　62
　　　イチイ 〈針/高〉　78
　　　イチイガシ 〈落広/高〉　39
　　　イチョウ 〈落広/高〉　75
　　　イトヒバ 〈針/高〉　78
　　　イヌシデ 〈落広/高〉　40
　　　イヌツゲ 〈常広/低〉　37,74
　　　イヌマキ 〈針/中〉　81
　　　イボタノキ 〈常広/中〉　67
　　　イロハモミジ 〈落広/中〉　49

▶ ウ　ウメ 〈落広/中〉　52
　　　ウメモドキ 〈落広/中〉　50
　　　ウンリュウクワ 〈落広/高〉　40

▶ エ　エクメア 〈観/中〉　102
　　　エゴノキ 〈落広/中〉　50
　　　エスキナンサス 〈観/大〉　99
　　　エニシダ 〈落広/中〉　50
　　　エノキ 〈落広/高〉　41
　　　エンジュ 〈落広/高〉　34,41

▶ オ　オウゴンクジャクヒバ 〈針/中〉
　　　　　　　34,81
　　　オオデマリ 〈落広/中〉　33,50
　　　オオヤマザクラ 〈落広/高〉　41
　　　オーレンドルファー 〈針/低〉　84
　　　オカダマノキ 〈常広/高〉　62
　　　オカメザサ 〈特〉　88
　　　オニグルミ 〈落広/高〉　41
　　　オリーブ 〈常広/高〉　62
　　　オリヅルラン 〈観/小〉　105

▶ カ　カキ 〈落広/高〉　42
　　　カクレミノ 〈常広/中〉　67
　　　カゲツ 〈観/中〉　103
　　　カジノキ 〈落広/高〉　42
　　　ガジュマル 〈観/大〉　92,96
　　　カツラ 〈落広/中〉　51
　　　カナリーヤシ 〈特〉　90
　　　カヤノキ 〈針/高〉　78
　　　カラディウム 〈観/小〉　106
　　　カラマツ 〈針/高〉　77
　　　カリン 〈落広/中〉　51
　　　カルミア 〈常広/低〉　72
　　　カンチク 〈特〉　88
　　　カンツバキ 〈常広/低〉　73
　　　カンノンチク 〈観/大〉　96

▶ キ　キヅタ 〈特〉　88
　　　キッコウチク 〈特〉　86
　　　キャラボク 〈針/低〉　84
　　　キンシバイ 〈落広/低〉　60
　　　キンメイモウソウ 〈特〉　86
　　　ギンモクセイ 〈常広/中〉　67
　　　ギンヨウアカシア 〈常広/中〉　67

▶ ク　クサツゲ 〈常広/低〉　74
　　　クスノキ 〈常広/高〉　38,63
　　　クチナシ 〈常広/低〉　73
　　　クテナンテ 〈観/中〉　102
　　　クヌギ 〈落広/高〉　43
　　　クマザサ 〈特〉　88
　　　クリ 〈常広/中〉　68
　　　クリプタンサス 〈観/小〉　105
　　　クルメツツジ 〈落広/低〉　37
　　　クロガネモチ 〈落広/高〉　65
　　　クロチク 〈特〉　36,85
　　　クロトン 〈観/大〉　35,97
　　　クロトン 〈観/中〉　103
　　　クロマツ 〈針/高〉　77
　　　クロモジ 〈落広/高〉　43

▶ ケ　ゲッケイジュ 〈常広/中〉　36,68
　　　ケヤキ 〈落広/高〉　38,42

▶ コ　コウヤマキ 〈針/高〉　75
　　　コウヨウザン 〈針/高〉　77
　　　コーヒーノキ 〈観/大〉　94
　　　ゴールドクレスト 〈針/中〉　33,37,81
　　　コクチナシ 〈常広/低〉　34,73
　　　コデマリ 〈落広/低〉　60
　　　コナラ 〈落広/中〉　33,51
　　　コノテガシワ 〈針/中〉　83
　　　コブシ 〈落広/高〉　43
　　　ゴムノキ 〈観/大〉　93
　　　ゴヨウマツ 〈針/中〉　81
　　　コルディリネ 〈観/大〉　99

▶ サ　ザクロ 〈落広/中〉　52
　　　サザンカ 〈常広/中〉　68
　　　サツキツツジ 〈常広/低〉　33,36,73
　　　サルスベリ 〈落広/中〉　33,51
　　　サワグルミ 〈落広/高〉　43
　　　サンゴジュ 〈常広/高〉　63
　　　サンシュウ 〈落広/中〉　52
　　　サンセベリア 〈観/大〉　98,99

▶ シ　シイノキ 〈常広/高〉　63
　　　シェフレラ 〈観/大〉　94,96
　　　シキミ 〈常広/中〉　69
　　　シダレウメ 〈落広/中〉　69
　　　シダレザクラ 〈落広/高〉　45
　　　シダレヤナギ 〈落広/高〉　44
　　　シッサス 〈観/小〉　106
　　　シナサワグルミ 〈落広/高〉　44
　　　シナレンギョウ 〈落広/低〉　60
　　　シペラス 〈観/大〉　93
　　　シペラス 〈観/中〉　35,104
　　　シマトネリコ 〈常広/高〉　63
　　　シモクレン 〈落広/中〉　33,52
　　　シモツケ 〈落広/低〉　60
　　　シャクナゲ 〈常広/低〉　36,72
　　　シャリンバイ 〈常広/低〉　36,73
　　　シュロチク 〈観/大〉　35,94
　　　シュロチク 〈特〉　87
　　　シラカシ 〈常広/高〉　64
　　　シラカンバ 〈落広/中〉　49
　　　シンゴニウム 〈観/小〉　106
　　　シンジュ 〈落広/高〉　42
　　　ジンチョウゲ 〈常広/低〉　73

▶ ス　スイレン 〈特〉　84
　　　スカイロケット 〈針/中〉　33,82
　　　スダジイ 〈常広/高〉　64
　　　ストレリチア 〈観/大〉　98
　　　スパティフィルム 〈観/中〉　104
　　　スモモ 〈落広/中〉　53

▶ セ　セイヨウバクチノキ 〈常広/低〉
　　　　　　　33,36,72
　　　セネキオ 〈観/小〉　106
　　　センダン 〈落広/高〉　44

▶ ソ　ソテツ 〈特〉　89
　　　ソメイヨシノ 〈落広/高〉　45

►タ	ダイオウショウ〈針/高〉	80
	タイサンボク〈常広/高〉	64
	ダイサンチク〈特〉	85
	ダイスギ〈針/高〉	78
	タブノキ〈常広/高〉	64
	タマイブキ〈常広/低〉	74
►チ	チシャノキ〈落広/高〉	45
	チャノキ〈常広/低〉	34,73
	チャボヒバ〈針/中〉	82
►ツ	ツバキ〈常広/中〉	36,69
	ツピダンサス〈観/大〉	98
►テ	ディジゴテカ〈観/大〉	97
	ディフェンバキア〈観/大〉	99
	テーブルヤシ〈観/中〉	101
►ト	トウカエデ〈落広/高〉	38,45
	トウジュロ〈特〉	90
	ドウダンツツジ〈落広/中〉	53
	トウチク〈特〉	85
	トウネズミモチ〈常広/中〉	36,68
	トゲナシニセアカシア〈落広/高〉	46
	トサミズキ〈落広/低〉	59
	トチノキ〈落広/高〉	46
	トチュウ〈落広/高〉	46
	トックリラン〈観/中〉	100
	トネリコ〈落広/高〉	46
	ドラセナ〈特〉	89
	ドラセナサンデリアナ〈観/中〉	101
	ドラセナスルクロサ〈観/大〉	92,97
	ドラセナデレメンシス〈観/中〉	101
	ドラセナフラグランス〈観/小〉	106
►ナ	ナシ〈落広/中〉	54
	ナツグミ〈落広/中〉	53
	ナツツバキ〈落広/中〉	53
	ナツメ〈落広/中〉	54
	ナナカマド〈落広/高〉	47
	ナラガシワ〈落広/高〉	44
	ナリヒラダケ〈特〉	86
	ナンキンハゼ〈落広/高〉	47
►ニ	ニオイシュロラン〈特〉	34,89
	ニシキギ〈落広/中〉	54
►ネ	ネオレゲリア〈観/中〉	103
	ネザサ〈特〉	86
	ネズミモチ〈常広/中〉	69
	ネフロレピス〈観/中〉	103
►ノ	ノウゼンカツラ〈特〉	89
►ハ	バーハーバー〈針/低〉	84
	ハギ〈落広/低〉	60
	パキラ〈観/大〉	92,95
	ハクウンボク〈落広/中〉	56
	ハクチョウゲ〈常広/低〉	74
	ハゼノキ〈落広/中〉	54

	ハチク〈特〉	87
	ハナカイドウ〈落広/中〉	55
	ハナズオウ〈落広/中〉	56
	ハナノキ〈落広/中〉	55
	ハナミズキ〈落広/中〉	34,55
	ハマヒサカキ〈常広/中〉	70
	ハリエンジュ〈落広/高〉	47
►ヒ	ヒイラギナンテン〈常広/低〉	72
	ヒイラギモクセイ〈常広/低〉	33,74
	ヒサカキ〈常広/中〉	36,70
	ヒノキ〈針/高〉	80
	ヒマラヤスギ〈針/高〉	76
	ヒムロ〈針/高〉	79
	ヒメシャラ〈落広/中〉	36,56
	ヒメモクレン〈落広/中〉	56
	ピラサンカ〈常広/低〉	36,72
	ヒラドツツジ〈常広/低〉	73
	ビレア〈観/小〉	105
	ビワ〈常広/中〉	70
►フ	フィカスプミラ〈観/小〉	35,105
	フィリフィラオーレア〈針/低〉	84
	フウ〈落広/高〉	47
	ブーゲンビリア〈観/大〉	98
	フクロモチ〈常広/中〉	70
	フサアカシア〈落広/高〉	65
	フジ〈特〉	90
	フヨウ〈落広/低〉	61
	プラタナス〈落広/高〉	48
	フリーセア〈観/中〉	104
	プリベット〈常広/低〉	34,74
	ブルースター〈針/中〉	83
	ブルーヘブン〈針/中〉	36,82
►ヘ	ベゴニア〈観/中〉	104
	ヘデラヘリックス〈特〉	33,36,84
	ヘテロフィラ〈観/大〉	95
	ベニバスモモ〈落広/中〉	55
	ペペロミア〈観/小〉	105
	ベンジャミナ〈観/大〉	94
	ベンジャミンゴム〈観/大〉	95
►ホ	ホウオウチク〈特〉	88
	ホオノキ〈落広/高〉	48
	ボールバード〈針/中〉	83
	ボケ〈落広/低〉	61
	ボダイジュ〈落広/高〉	48
	ホテイチク〈特〉	88
	ポトス〈観/小〉	105
	ポプラ〈落広/高〉	75
	ホルトノキ〈常広/高〉	66
►マ	マサキ〈常広/低〉	74
	マダケ〈特〉	87
	マテバシイ〈常広/高〉	65
	マメツゲ〈常広/低〉	74
	マユミ〈落広/中〉	57
	マンサク〈落広/中〉	57
	マンザニータ〈観/大〉	96

►ミ	ミカン〈常広/中〉	71
	ミツバマツ〈針/高〉	76
	ミツヤヤシ〈観/大〉	35,92,93
►ム	ムクゲ〈落広/低〉	59
	ムクノキ〈落広/高〉	48
	ムベ〈特〉	84
	ムラサキシキブ〈落広/低〉	59
►メ	メタセコイヤ〈針/高〉	76
►モ	モウソウチク〈特〉	85
	モチノキ〈常広/高〉	65
	モッコク〈常広/中〉	71
	モミ〈針/高〉	79
	モモ〈落広/中〉	57
	モンステラ〈観/中〉	102
►ヤ	ヤエヤマヤシ〈観/大〉	93
	ヤダケ〈特〉	87
	ヤツデ〈常広/低〉	72
	ヤブサンザシ〈落広/低〉	61
	ヤブツバキ〈常広/中〉	71
	ヤブニッケイ〈常広/高〉	66
	ヤマザクラ〈落広/中〉	57
	ヤマブキ〈落広/低〉	33,61
	ヤマモミジ〈落広/中〉	58
	ヤマモモ〈常広/高〉	66
►ユ	ユーカリ〈常広/高〉	66
	ユキヤナギ〈落広/中〉	58
	ユズリハ〈常広/中〉	71
	ユッカ〈観/中〉	102
	ユリノキ〈落広/中〉	58
►ヨ	ヨーロッパゴールド〈針/中〉	83
►ラ	ライラック〈落広/低〉	59
	ラカンマキ〈針/高〉	80
	ラクウショウ〈針/高〉	79
►リ	リンゴ〈落広/中〉	58
►レ	レイランドヒノキ〈針/高〉	79
	レンギョウ〈落広/低〉	59

おわりに

建築・インテリアのパースを描いて30年…．パースを通じていろんな樹木を描いてきましたが，その空間における「グリーン」の重要性を私自身が再認識し，それをできる限り表現してみました．「グリーン」は生き物です．それだけに奥深く，種類も多く，一言でグリーンスケッチと言ってもその表現に関してはそれなりに勉強をしなければなりませんが，この本が，その入リロを探すお手伝いになれば幸いです．

編集中，多方面から，本来のグリーンの意味を知らなければ，グリーン関連の出版はできないというご忠告をいただきました．しかしながら，「グリーン」については素人の私が，いかにわかりやすいプレゼンテーションを行うかという，最も基本的な立場に立ち戻りまとめたつもりです．

実在する樹木をスケッチしているために「この木はもっと大きい」とか，「形が違う」等々，ご意見をいただくことになるかも知れませんが，私がこの目で見て確かめた樹木たちは，この形，この大きさなので，その点はご了承ください．

最後になりましたが，出版にあたり，学芸出版社の吉田編集長をはじめ，編集に携わられたすべての方々のご尽力に対し，この場を借りてお礼申し上げます．ありがとうございました．

◆ AUTHOR　宮後　浩（みやごひろし）

㈱コラムデザインセンター　代表取締役
　　TEL　06-6267-4631

㈱コラムデザインスクール　学長
　　TEL　06-6267-0285

一般社団法人日本パーステック協会　理事長
　　TEL　06-6267-5331

住所　〒542-0081　大阪市中央区南船場1-5-11
Web　http://www.column-design.com
Email　miyago@column-design.com
Web　http://www.pers-tech.org

1946年	大阪府生まれ．
1968年	多摩美術大学立体デザイン科インテリアデザイン卒業．建築設計事務所を経て
1972年	建築デザイン事務所としてコラムデザインセンター設立．
2008年	建築パースにおいて，博士号（芸術学）取得．
2011年	永年に渡る建築パースの指導，並びに検定功労により，天皇陛下より，「瑞宝単光章」叙勲授章．
現　在	デザイン業務の傍ら，大学，各種学校などの講師を務める．

◆ ILLUSTRATION

見杉宗則　イラストレーター

1969年　奈良県生まれ．大阪芸術大学美術学科卒業．
Web http://www1.ocn.ne.jp/misugi/

◆ PARTNER STAFF

重村千恵　コピーライター
仲田貴代史　仲田デザイン事務所
広畑直子　ヒロデザイン事務所
山本一身　デザインセンターイッシン

緑のプレゼンテーション　建築・インテリア・景観

2000年7月20日　第1版第1刷発行
2014年8月20日　第1版第8刷発行

著　者　宮後　浩
発行者　京極迪宏
発行所　株式会社　学芸出版社
　　　　京都市下京区木津屋橋通西洞院東入
　　　　〒600-8216　TEL 075-343-0811
　　　　http://www.gakugei-pub.jp/
　　　　E-mail info@gakugei-pub.jp
印　刷　創栄図書印刷
製本所　新生製本

© Hiroshi Miyago 2000
ISBN978-4-7615-3085-3　　Printed in Japan

JCOPY　〈㈳出版者著作権管理機構委託出版物〉
本書の無断複写（電子化を含む）は著作権法上での例外を除き禁じられています．複写される場合は，そのつど事前に，㈳出版者著作権管理機構（電話03-3513-6969，FAX 03-3513-6979，e-mail: info@jcopy.or.jp）の許諾を得てください．
また本書を代行業者等の第三者に依頼してスキャンやデジタル化することは，たとえ個人や家庭内での利用でも著作権法違反です．